Descubriendo
Gálatas, Efesios, Filipenses, Colosenses y Filemón

Estudio bíblico para jóvenes y guía del líder por Gene Sanford

CONTENIDO

GUÍA DEL LÍDER

Descubriendo Gálatas, Efesios, Filipenses, Colosenses y Filemón se usa mejor con los "Grupos Descubrimiento". Un Grupo Descubrimiento es un grupo de jóvenes comprometidos a crecer en la Palabra de Dios, reuniéndose regularmente por un periodo fijo de estudio para aprender y compartir. También sirve como un excelente cuaderno de trabajo para los grupos de estudio de los jóvenes involucrados en el Esgrima Bíblico.

Aquí hay una guía para ayudarle a usar este libro:

• Este estudio está dividido en 13 sesiones y posteriormente la guía del Esgrima Bíblico. Estas sesiones de Estudio Grupal están escritas para tomar aproximadamente 45 a 60 minutos. Este estudio bíblico tiene la intención de ser sólo una parte de la sesión total en la que usted y sus jóvenes compartirán impresiones personales de sus momentos de Estudio Personal (si está usando un recurso complementario del estudiante) además eventos y actividades de la semana y terminará con una oración. Una reunión de una hora, a una hora y media, proveerá un tiempo adecuado para estos componentes.

• Cada sesión de Estudio Grupal cubre una sección específica de los libros de estudio y también identifica un versículo clave para que usted y sus jóvenes lo memoricen.

• Esta guía del líder le da un plan completo de sesión para la porción completa de su estudio bíblico. Cada sesión contiene los siguientes elementos diseñados para ayudarle en su preparación y presentación.

OBJETIVOS y PERSPECTIVA —estos le ayudarán a obtener un entendimiento de los "puntos principales" de la lección.

ANTECEDENTE BÍBLICO –esta sección extensiva le dará información adicional que ampliará su entendimiento del pasaje en discusión.

• El tiempo de estudio bíblico está, de hecho, diseñado para tener lugar a través de la estructura de las actividades de la sesión. Una vez que usted se haya preparado estudiando los Objetivos, Perspectiva y Antecedente Bíblico, lea las actividades de la sesión para saber qué esperar del estudio bíblico en puerta. Asegúrese de entender exactamente lo que quiere que suceda a través de cada actividad; recuerde, también, que estas actividades están aquí para ayudarle. Siéntase libre de hacer cambios conforme lo crea necesario para ajustarse al ambiente de su grupo, sus recursos, y/o tiempo a usar.

• Acerca de las actividades de grupos, usted encontrará instrucciones específicas resaltadas en negritas e itálicas. Esto no quiere decir que necesita citar la información al pie de la letra a sus estudiantes. Hemos incluido este material sólo como una guía para usted con respecto a lo que recomendamos que sea comunicado a su grupo.

• Cada sesión le provee dos actividades, cada una hecha para llevar a sus estudiantes a un encuentro con las Escrituras a través de cierta perspectiva. Estas actividades son: Conéctate con la Palabra y Explora la Palabra. Las actividades de la sesión le darán opciones de enseñanzas sólidas sin rechazar su propia creatividad. Adapte y ajuste estas actividades para cubrir las necesidades individuales y personalidades de su grupo.

• Ocasionalmente encontrará secciones tituladas "Términos/Personas a conocer". Estas secciones proporcionarán definiciones de las palabras, explicaciones acerca de términos o personas, etc., que ayudarán a los miembros de la clase a comprender mejor el pasaje de estudio.

• Se anima a los estudiantes a llevar libretas personales conforme leen y estudian durante las siguientes semanas. Durante las sesiones grupales con frecuencia se les pedirá que escriban sus reflexiones. Alentar a cada joven a usar un diario, tipo libreta, evitará que usted tenga que proveer hojas de papel en blanco cada vez.

El primer lugar para iniciar su viaje a través de estos libros de la Biblia es en la Palabra misma. Lea todas las cartas, Gálatas, Efesios, Filipenses, Colosenses y Filemón, antes de empezar sus estudios bíblicos. Luego revise esta guía del líder y familiarícese con su contenido.

GUÍA PARA
LOS GRUPOS DESCUBRIMIENTO

Un ministerio efectivo de estudio bíblico para los jóvenes de la iglesia local, utilizando grupos pequeños, empieza con los Grupos Descubrimiento. Los Grupos Descubrimiento son importantes para:

• Comunicar aceptación

• Enseñar con el ejemplo

• Construir relaciones personales

• Ser modelos del discipulado en un ambiente de la vida real

Hay muchas formas de empezar un Grupo Descubrimiento en su iglesia. La mejor forma es invitar a todos los jóvenes a involucrarse. Use carteles y anuncios promocionales empezando dos o tres semanas antes para correr la voz acerca del grupo. Contacte a personas que usted crea que se beneficiarán especialmente de estos estudios. También, establezca contacto personal con aquellos que usted cree se involucrarán en el equipo de esgrima bíblico del siguiente año, anímelos a participar en el grupo.

Otra manera de crear un Grupo Descubrimiento es escoger de primera mano a los jóvenes que ya están fuertemente comprometidos con ser todo lo que Dios quiere que sean. Estos jóvenes altamente motivados usualmente responden con más entusiasmo al discipulado que los estudiantes en una etapa más temprana en su madurez espiritual. Este acercamiento al discipulado es bíblico y apropiado para el desarrollo del liderazgo y entrenamiento; si usted no está convencido, pase algún tiempo leyendo los Evangelios, note el acercamiento que Jesús escogió al entrenar a los Doce.

Pero recuerde, cada cristiano necesita ser discipulado y pertenecer a un grupo cálido de amigos, y que lo acepte. En tal compañerismo, los que son discípulos a medias empezarán a tener una visión de su potencial y empezarán a aceptar a desarrollar un gusto por un crecimiento más profundo.

En muchas iglesias todos los jóvenes cabrán en un solo grupo pequeño. Sin embargo, si necesita más de un grupo considere proveer diferentes grupos para aquellos con diferentes niveles de compromiso. Usted querrá escoger personalmente a un grupo para un discipulado más profundo, luego formar otros grupos para aquellos que no estén listos para el intenso compromiso que se espera en este nivel. En lugar de dividir a los jóvenes arbitrariamente, establezca condiciones específicas para pertenecer al grupo más profundo. Estas condiciones pueden incluir la disciplina en asistencia, diarios espirituales, estudios bíblicos, responsabilidad, etc.

Cualquier miembro de un Grupo Descubrimiento debe mostrar algún nivel de compromiso. Un compromiso mínimo obvio es asistir al grupo regularmente. Para construir la confianza mutua en el grupo, los miembros deben conocerse entre sí. Si un miembro del grupo llega sólo ocasionalmente, él o ella será relativamente un extraño para el resto del grupo… al menos al nivel posible de compartir experiencias en el Grupo Descubrimiento. La presencia de un extraño inmediatamente reducirá el nivel de confianza en el grupo, limitando la apertura a la hora de compartir. Desde luego algunas ausencias son inevitables. El compromiso necesario aquí es que cada miembro del grupo haga de la asistencia una prioridad muy alta, de modo que la asistencia sea regular. Una discusión de la prioridad del grupo puede ser útil en las primeras semanas de reuniones.

¿Cuál es el mejor tiempo para un Grupo Descubrimiento? De nuevo, esto depende de sus metas y de la personalidad de su grupo. Algunos jóvenes pueden comprometerse a una reunión por la noche entre semana, mientras que para otros sea mejor una tarde en fin de semana.

¿Por cuánto tiempo debemos continuar con el grupo Descubrimiento? Tanto como los jóvenes involucrados en él puedan permanecer comprometidos. Una vez terminadas las 13 semanas de estudio de la serie de libros de trabajo Descubriendo, habrán trabajado capítulo por capítulo en otros libros de la Biblia, o habrán empezado una nueva serie de libros de trabajo Descubriendo.

Generalmente es mejor mantener el grupo por 13 semanas. Después de que el estudio haya terminado, puede haber otros jóvenes que quieran ser parte del Grupo Descubrimiento. Si así fuera, busque un líder para ellos. Algunos de los jóvenes en el grupo original querrán continuar, mientras que otros se enfocarán en otras actividades. Si usted no puede continuar como líder, asegúrese de que otro líder adulto esté ahí para continuar el trabajo.

¿Cómo puede una persona ser un facilitador en un Grupo Descubrimiento? Facilitar significa "hacer fácil". Un facilitador de un grupo pequeño, es pues, una persona que hace fácil el que el grupo se relacione. Él/ella mantiene al grupo en movimiento, lo regresa al tema cuando empieza a divagar, alienta la participación en las discusiones y actividades de grupo. En el segmento de estudio bíblico de la sesión del Grupo Descubrimiento, el rol del líder es ayudar a los miembros del grupo a descubrir por sí mismos lo que las Escrituras significan—cómo pueden ellos aplicarla a sus vidas—y luego animarlos a continuar con obediencia. El rol del líder del grupo no es ser un residente autoritario quien le dice a los miembros del grupo lo que las Escrituras significa y cómo la deben aplicar a sus vidas. Él/ella debe resistir la tentación de sermonear. Esta guía del líder ofrece sugerencias específicas para ayudar al líder a servir como un facilitador efectivo del estudio bíblico. Ahora bien, aunque el líder del Grupo Descubrimiento no es autoritario, sí es una autoridad. Esta autoridad, sin embargo, es de tipo espiritual, fluyendo de la autenticidad de la vida del líder. Los jóvenes siguen al líder no porque el líder los obliga sino por el tipo de persona que el líder es.

1 NO HAY OTRO
EVANGELIO

PASAJE BÍBLICO: Gálatas 1:1-2:21

VERSÍCULO CLAVE: "…para ser justificados por la fe en él y no por las obras de la ley; porque por éstas nadie será justificado" (Gálatas 2:16b).

OBJETIVOS DE ENSEÑANZA

Ayudar a los estudiantes a:

1. Entender que los eventos en la vida de Pablo lo calificaban para ser "Apóstol de los gentiles".

2. Valorar la postura que Pablo tomó a favor de los creyentes gentiles.

3. Dar gracias porque el evangelio es dado gratuitamente a todos los que creen.

PERSPECTIVA

Muchos jóvenes leen pasajes de la Escritura completamente fuera de contexto, sin un entendimiento de su antecedente histórico, teológico o literario. Se acercan a un libro como Gálatas como si hubiera sido escrito ayer, en el siglo XXI, para la gente de sus comunidades. Consecuentemente, no están al tanto del impacto que las grandes controversias, como el tema de la gracia y la ley, tienen en su herencia espiritual. La mayoría de los jóvenes ignoran totalmente que si no fuera por la increíblemente valiente postura dirigida por el Espíritu que Pablo tomó a favor de los gentiles, la mayoría

de nosotros probablemente nos hubiéramos adherido a otra religión y no al cristianismo. Sin un entendimiento de este contexto histórico/teológico, el resto de Gálatas (y de hecho, la mayoría de los escritos de Pablo) no tendría sentido para ellos. Esta lección busca darles un aprecio por su herencia espiritual.

ANTECEDENTE BÍBLICO

Aunque pisamos terrenos peligrosos cuando empezamos a ordenar los libros de la Biblia por orden de importancia, no podemos negar que el libro de Gálatas ha tenido un profundo impacto en el cristianismo. R. A. Cole declaró que "Gálatas es dinamita espiritual, y es por ello, casi imposible manejarlo sin explosiones". En efecto, el libro ha tenido un efecto explosivo a través de la historia de la Iglesia.

Tenney escribió que "el cristianismo pudo haber sido sólo una secta judía más y el pensamiento del mundo occidental pudo haber sido enteramente pagano si Gálatas nunca se hubiera escrito". Fue principalmente por el estudio de este libro que Martín Lutero puso en marcha los eventos que guiaron a la Reforma Protestante. Fue un sermón en Gálatas lo que trajo paz al corazón de Juan Wesley.

La razón de que Gálatas sea un libro tan poderoso es que tal vez sea la declaración más fuerte de Pablo en el tema de la gracia contra la ley. Aún cuando toca este principio teológico en todos sus escritos, el apóstol parece mostrar más pasión por él en esta carta. Este libro también es mucho más que cualquier tratado teológico. Es una carta, una carta de una iglesia asediada, fundadora de un distrito en problemas, y de hecho, de la Iglesia en general. Es una herramienta—o mejor tal vez, una arma—con la que el apóstol peleó contra la herejía que pudo virtualmente haber ahogado la vida de la Iglesia Cristiana aún antes de tener una oportunidad de vivir.

El libro de Gálatas está dirigido a "las iglesias de Galacia" (v. 2). Galacia era un territorio en Asia Menor (ahora Turquía) que Pablo visitó en su primer viaje misionero descrito en Hechos 13-14. Mientras estuvo allí, gente se convirtió y estableció iglesias en las ciudades de Antioquía, Iconio, Listra y Derbe.

Los primeros dos capítulos de Gálatas forman la introducción de la carta. Para quien no esté familiarizado con Gálatas (como la mayoría de sus estudiantes), estos capítulos parecerán extraños, como si Pablo empezara a la mitad de algo. Y en efecto, así es. Los gálatas, sin embargo, no tuvieron problemas para entender estos capítulos porque ellos mismos estaban en medio de la misma cosa—una dura batalla sobre la autoridad apostólica y el lugar de los gentiles en la Iglesia.

Uno de los temas con los que Pablo luchó durante todo su ministerio fue la autoridad. Los once apóstoles originales fueron reconocidos sin cuestionamientos como líderes de la Iglesia Primitiva, cuando Pedro, en especial, asumió el rol de líder principal. Hechos 1:12-26 registra que la Iglesia eligió al doceavo apóstol, Matías, pero no leemos nada más acerca de él en las páginas del Nuevo Testamento.

Cuando Pablo apareció en escena era claro que iba a jugar un papel mayor en el establecimiento de la Iglesia, pero él no era un apóstol, al menos no como los otros. Él no había caminado con el Salvador. No había oído los sermones del Salvador ni había sido partícipe de su instrucción privada. No había estado presente en el arresto, crucifixión ni resurrección de Jesús.

Pero, en un momento transformador en el camino a Damasco, Pablo encontró al Cristo vivo. Y ese evento para Pablo fue equivalente a un llamado al apostolado. Frecuentemente en sus escritos, Pablo nos recuerda que fue Dios, no otro hombre, quien lo llamó.

Sin embargo, como Pablo era todo un radical (como la mayoría de los visionarios y pioneros), tenía muchos enemigos. Algunos eran paganos, algunos eran judíos y algunos cristianos. Aquellos que eran cristianos sembraban dudas acerca del apostolado de Pablo en sus luchas contra él.

Aparentemente esto sucedía en Galacia. Una buena porción de estos dos capítulos está diseñada para establecer el derecho apostólico de Pablo para hablar con autoridad. Aquí, Pablo no sólo está tratando de asegurar que tiene un lugar en el salón de la fama cristiano. Su autoridad apostólica era importante para que su mensaje fuera recibido como auténtico.

Establecerse a sí mismo como apóstol es sólo el cimiento para el principal argumento de Pablo en Gálatas. Los que estaban demeritando la autoridad de Pablo lo hacían para seguir una campaña que casi costó la vida de la Iglesia.

Esta gente eran los "judaizantes", cristianos que insistían en que los gentiles conversos al cristianismo se volvieran judíos siendo circuncidados y obedeciendo continuamente la ley judía. Esto en efecto hizo al cristianismo una secta del judaísmo.

El argumento de Pablo a lo largo de su ministerio fue que aún cuando el cristianismo tenía sus raíces en el judaísmo, el plan de Dios era que el evangelio fuese llevado al mundo. Pablo vio la circuncisión y la obediencia a la ley como cargas innecesarias colocadas sobre los hombros de los nuevos cristianos (Hechos 15:19). Luchó por el derecho de los gentiles de volverse cristianos sin primero volverse judíos. Hechos 15 y Gálatas 2 cuentan parte de esta lucha.

Aún cuando un entendimiento sencillo del tema de la gracia contra la ley es necesario para esta lección, los aspectos teológicos de esa discusión serán reservados para la siguiente lección. El propósito de esta lección es crear un contexto histórico y ayudar a sus estudiantes a entender que el libro de Gálatas es relevante para ellos no sólo porque son cristianos sino porque son cristianos gentiles.

CONÉCTATE CON LA PALABRA

¡Yo soy un gentil, tú eres un gentil!

Para poder hacer relevante y personal el mensaje de Gálatas a sus estudiantes, ellos deben entender el contexto histórico del conflicto gentil/ judaizantes. Y para poder hacer ese contexto relevante y personal a sus estudiantes, ellos deben primero tener un claro entendimiento de que ellos son gentiles.

Pida a sus estudiantes completar la sección 1 de la hoja de trabajo ¡Yo soy un gentil, tú eres un gentil! Ubicada en la última parte de este libro. Probablemente todos sus estudiantes tendrán 20 puntos (asumiendo que siguen las dos leyes que vienen de los Diez Mandamientos). Pero ese es un puntaje muy bajo.

Pregúnteles si sus puntajes bajos indican que

no son religiosos, que no creen en la Biblia, o que no respetan las leyes de Dios. Usted puede "jugar" con ellos por un poco, hasta que entiendan que no obedecen esas leyes porque no son judíos. (También puede señalar que aún los judíos modernos no obedecen muchas de estas leyes literalmente).

Para aclarar más el punto, pídales que completen la sección 2 que tiene que ver con la herencia nacional. Muchos de ellos querrán marcar más de una nacionalidad. Está bien. Muchos de ellos se considerarán de algún origen nacional no enlistado. Está bien. Incluso algunos estudiantes querrán señalar que uno puede ser judío y una de las otras nacionalidades también, ya que el judaísmo trasciende las fronteras nacionales. Eso es verdad pero no echa a perder el punto que se quiere ilustrar.

Luego pídales a sus estudiantes que completen la sección 3 que concierne a la religión. Sus estudiantes probablemente querrán marcar "cristiano".

En este momento presénteles la palabra "gentil". Explique que la palabra aplica para cualquiera que no es de raza o religión judía. Explique que todos en el salón de clases, sin importar su origen étnico, es un gentil. (De nuevo, asumimos que todos son gentiles. Si tiene estudiantes de origen judío, haga los cambios apropiados).

¡Yo Soy un gentil, tú eres un gentil!

1. Como ya sabes bien, los primeros dos tercios de tu Biblia se llaman Antiguo Testamento. En el Antiguo Testamento hay muchas leyes, algunas de las cuales están enlistadas abajo. Por favor, pon una marca en la columna apropiada si tú y tu familia siguen estas leyes "siempre", "algunas veces", o "nunca".

Siempre	Algunas veces	Nunca	
_____	_____	_____	No matarás (Éxodo 20:13).
_____	_____	_____	No comerás carne de puerco (jamón, tocino, o salchicha) (Levítico 11:7).
_____	_____	_____	Los hijos rebeldes serán apedreados (Deuteronomio 21:21).
_____	_____	_____	No robarás (Éxodo 20:15).
_____	_____	_____	No comerás langosta (Levítico 11:10).
_____	_____	_____	Te harás flecos en las cuatro puntas de tu manto (Deuteronomio 22:12).

Date 10 puntos por cada marca en la primera columna ("Siempre"), 5 puntos por cada marca en la segunda columna ("Algunas Veces"), y 0 puntos por cada marca en la tercera columna ("Nunca").

85–100 Religioso de grandes ligas
70– 84 Medio religioso
55– 69 Un poco religioso
0 – 54 Para nada religioso

2. ¿Cuál es tu raza/nacionalidad/origen étnico?

____	Italiano	____	Irlandés
____	Africano	____	Judío
____	Alemán	____	Asia del Este
____	Oriental	____	Estadounidense
____	Eslavo	____	Hispano
____	Puertorriqueño	____	Nórdico
____	Español	____	Griego
____	Latinoamericano	____	Otro _____

3. ¿Cuál es tu religión?

____	Judía	____	Budista
____	Musulmana	____	Cristiana
____	Otra		

Concluya esta sección de la lección señalando que cuando el Nuevo Testamento se refiere a los gentiles muchas veces olvidamos que se refiere a nosotros. Esto es especialmente importante al empezar nuestro estudio del libro de Gálatas.

EXPLORA LA PALABRA

1. Bienvenido a Gálatas

Gran cosa, probablemente estás diciendo. "¿No es uno de esos libros de menor importancia que no significa mucho? Después de todo, ¡tan sólo tiene seis capítulos! ¿Qué tan importante puede ser?"

Bueno, echemos un vistazo a lo que algunos autores y estudiosos de la Biblia han dicho sobre este libro "menor":

• "Gálatas es un libro peligroso" (Warren Wiersbe).

• "La epístola a los Gálatas es dinamita espiritual, y por ello es casi imposible de tratarla sin explosiones" (RA Cole).

• "El cristianismo podría haber sido una más de la sectas judías, y el pensamiento del mundo occidental, totalmente pagano, podría haber logrado que Gálatas nunca hubiese sido escrita" (Merrill C. Tenney).

• "Gálatas declara con claridad precisa el mensaje central de la gracia en el Nuevo Testamento" (Donald Bastian).

"Hmmm... ¡debe tener algo este pequeño libro!" ¡Tienes razón! Este es uno de los libros más importantes en el Nuevo Testamento, porque en este libro, Pablo hace algunas de sus más fuertes declaraciones acerca de la gracia, la libertad de la ley, y la libertad cristiana. De hecho, Gálatas se ha llamado la "Carta Magna de la libertad espiritual" y la "Declaración cristiana de la Independencia". Fue principalmente su estudio en este libro que impulsó a Martín Lutero a iniciar el proceso que condujo a la Reforma y el movimiento protestante.

El viejo dicho, "las cosas buenas vienen en envases pequeños", es realmente cierto en este libro. Es poderoso, pero es corto. Tan corto, que puedes leerlo todo en una media hora. Una forma desafiante para realmente excavar a profundidad en este libro es leerlo completamente con frecuencia -por lo menos una vez a la semana, incluso todos los días- mientras lo estás estudiando. "¿Aburrido?" Bueno, tal vez la primera vez o la segunda, pero entonces sí que empieza a entrar en tu mente, y cada lectura se hace como una búsqueda de un tesoro escondido. Te sorprenderás de lo que se sale a la vista cada vez que lees a través de estos seis capítulos.

Mientras lo lees, talvez quieras hacer las siguientes marcas en el margen de tu Biblia:

Pon un "?" en cualquier sección que no entiendas.

Pon un "!" por cualquier sección que te anima o inspira.

Pon un "*" por cualquier sección que te da una nueva perspectiva.

Entonces, cuando llegas a estas secciones, más adelante en este estudio, puedes darles una mayor atención.

2. No todos en el evangelio (1:1-10)

En Hechos 13 y 14, leemos acerca del viaje misionero de Pablo primero a través de Asia Menor, donde predicó el evangelio y estableció nuevas iglesias. Gran parte de este viaje se desarrolló en un territorio conocido como Galacia. En Hechos 13:13-14:23 leemos que Pablo estableció iglesias en las ciudades de Antioquía, Iconio, Listra y Derbe. Al final de su viaje misionero, Pablo revisó cada una de estas iglesias "bebés", "fortaleciendo a los discípulos y animándolos a permanecer fieles en la fe". Luego se "nombraron ancianos en cada iglesia y, con la oración y el ayuno, los encomendaron al Señor" (Hechos 14:22-23).

Ahora, sin embargo, algo había salido mal. Había dado instrucciones a los nuevos cristianos de Galacia a permanecer fieles en la fe, pero ahora el apóstol está "asombrado" de que ellos están "abandonando" su mensaje y "volviéndose hacia un evangelio diferente" (Gálatas 1:6).

Pablo está molesto - por decirlo suavemente. Y deja que sus lectores sepan bien de inicio, exactamente al principio de la carta, que esto es algo que debe tratarse.

Si usted nunca ha leído Gálatas antes, los 10 primeros versos son como la introducción a una historia de misterio - sabemos que "algo está mal", pero todavía no sabemos qué.

Que alguien lea estos versículos en voz alta y luego respondan las siguientes preguntas en clase:

1. En el versículo 1, Pablo parece estar trabajando duro para establecerse como un apóstol, una figura legítima de autoridad. Compare este verso con el versículo 10. ¿Tienes la sensación de que algo extraño puede haber estado ocurriendo en Galacia? ¿Qué crees que fue?

2. Si no lo has hecho, lee rápidamente en Hechos 13:13-14:23, poniendo atención especialmente en los versos 13:38-39. ¿Cómo resumirías el mensaje que Pablo predicó en Galacia durante su viaje misionero allí?

3. Leer cuidadosamente Gálatas 1:7. Esta es una pista importante. ¿Qué es lo que parece que ha estado ocurriendo?

3. Autobiografía espiritual de Pablo, parte I (1:11-24)

¡Wow! Esa última sección era algo misteriosa, ¿no? Pero ahora, justo cuando estamos ansiosos por saber lo que está pasando en Galacia que hace que Pablo esté tan molesta, él parece tomar un desvío extraño. De pronto, en los versos siguientes, ¡Pablo nos dice la historia de su vida!

Que alguien lea estos versículos en voz alta y luego responde a las siguientes preguntas con la clase:

1. Comparen los versículos 13-24 con Hechos 9. Hechos 9 ha sido denominada por un autor como "Cambiando las manchas del leopardo". ¿Por qué es este un título adecuado?

2. Lean los versículos 1 y 10, una vez más, y pónganlos juntos con los versículos 11-12. Si lees "entre líneas", en estos versos, podrás comenzar a entender por qué Pablo incluye, de repente, esta sección autobiográfica. Pablo está, evidentemente, tratando de demostrar algo de sí mismo. ¿Qué crees que Pablo está tratando de demostrar?

3. Pablo parece presumir en el versículo 24. ¿Crees que es así, o hay algo más que está tratando de hacer?

4. Autobiografía espiritual de Pablo, parte II (2:1-10)

En estos versículos Pablo continúa resumiendo la historia que hemos leído en el libro de los

Hechos. Ahora está hablando sobre el Concilio de Jerusalén descrito en Hechos 15. En dicho Concilio, los líderes de Jerusalén se enfrentan probablemente a la mayor interrogante en el primer siglo de la Iglesia: ¿Deben los gentiles (no-judíos) convertirse en judíos antes de que puedan llegar a ser cristianos? La Iglesia estaba dividida sobre esta cuestión. La "palabra clave" para la controversia era "circuncisión", un término médico para un procedimiento quirúrgico simple realizado en los varones recién nacidos. Dado que este procedimiento fue ordenado por Dios para separar a los hebreos de sus vecinos paganos, se convirtió en el símbolo de ser judío. Pero el argumento no era sólo acerca de este tipo de cirugía menor. La cirugía sólo representaba la cultura hebrea religiosa - todas las leyes, los rituales, las fiestas, sacrificios, y otros elementos de la fe judía.

Que alguien lea estos versículos en voz alta y luego respondan a las siguientes preguntas:

1. Lean Hechos 15:1-35 y resuman lo que sucedió en el Concilio de Jerusalén.

2. Comparen Hechos 15:1 con Gálatas 1:7-8 y 2:4. Las personas a las que Pablo está hablando han sido frecuentemente llamados "judaizantes". ¿Cuál parece ser su meta principal?

3. Recordando que la mayoría de nosotros somos "gentiles" (si no somos miembros de la raza judía), ¿qué crees que es lo más importante acerca de la conclusión a la que llegó el Concilio de Jerusalén (Hechos 15)?

5. Autobiografía espiritual de Pablo, parte III (2:11-21)

En esta sección, Pablo describe un incidente que no se registra en el Libro de los Hechos. Este incidente se produjo, al parecer, algún tiempo después del Concilio de Jerusalén descrito en Hechos 15. En ese Concilio, como hemos descubierto, el liderazgo de la Iglesia decidió que un gentil (no judío) creyente no tenía que ser circuncidado para ser un cristiano. (Recuerde que "la circuncisión" no sólo se refiere a un procedimiento quirúrgico menor, pero también simboliza la totalidad del código legal judío).

Tras ponerse de acuerdo con esa decisión, Pedro debe haber sido influenciado por los judaizantes (v. 12), porque comenzaron a instruir a los creyentes gentiles a ser circuncidados. En un "cara a cara" en Antioquía, Pablo acusa a Pedro de ser hipócrita.

Que alguien lea estos versículos en voz alta a la clase y luego respondan las siguientes preguntas:

1. En los versículos 15, 16 y 21, Pablo declara firmemente lo que la esencia del Evangelio es para él. Repitan estos versos en sus propias palabras.

2. Si estos versículos capturan el evangelio que predica Pablo, ¿cuál crees que es el "evangelio diferente" al que se refiere Pablo en 1:6-9?

3. Estos dos primeros capítulos son en realidad la introducción de la carta de Pablo a los Gálatas. Teniendo en cuenta lo que hemos estudiado hasta ahora, ¿cuál crees que será el tema del resto de la carta?

EXPERIMENTA LA PALABRA

Empiece a concluir esta lección pidiéndole a sus estudiantes que lean en voz alta el versículo clave de la lección de hoy (Gálatas 2:16b).

Anime a sus jóvenes a pensar sobre cómo sus vidas individuales han sido afectadas por la determinación de Pablo de compartir el mensaje del evangelio con los gentiles, recordándoles una vez más que muy probablemente entren en esa categoría. Ayúdeles a pensar lo que de verdad significa para cada uno de ellos entender la diferencia entre ser justificado "por la ley" y ser justificado "por medio de la fe".

Distribuya una notita impresa con un "Gracias" a cada estudiante. (Durante la semana, antes de la clase, compre un paquete de tarjetas que no cueste mucho, o haga unas propias en la computadora). Instruya a sus estudiantes a tener varios minutos para escribir personalmente una nota de agradecimiento al apóstol Pablo, expresando su gratitud por su impacto en sus vidas—tanto a través de sus convicciones personales como sus escritos.

Después de unos momentos, invite a cualquier joven que esté dispuesto a compartir su nota de agradecimiento en voz alta. Continúe con una oración agradeciendo a Dios por su invitación abierta para cada uno de nosotros a entrar en una relación con Él. Ore que Dios continúe bendiciendo a su grupo de estudiantes en las siguientes semanas del grupo de estudio.

PASAJE BÍBLICO: Gálatas 3:1 – 4:31

VERSÍCULOS CLAVES: "Pero ahora que ha llegado la fe, ya no estamos sujetos al guía" (Gálatas 3:25).

OBJETIVOS DE ENSEÑANZA

Ayudar a los estudiantes a:

1. Darse cuenta que la fe, no las obras, es el prerrequisito para tener el precioso regalo de Dios de la salvación.
2. Ser agradecidos por el regalo de Dios.
3. Poner su confianza de salvación sólo en la gracia.

PERSPECTIVA

Los cristianos de hoy no batallan con el tema que estaba molestando a los gálatas: convertirse en judíos a la vez que en cristianos. No tenemos la opresión de las leyes y rituales del Antiguo Testamento. Pero sí peleamos una batalla contra nuestros propios yugos espirituales. Muchas personas continúan buscando obras y acciones para ganarse el favor de Dios. Tienen dificultad para entender y apropiarse del concepto de gracia. Esta lección les ayudará a explorar la naturaleza de su dependencia en las obras y aprender a confiar en la gracia de Dios.

ANTECEDENTE BÍBLICO

Después de los comentarios introductorios en los primeros dos capítulos de Gálatas, Pablo ahora pasa a lo gordo de la carta, la sección doctrinal. Y se mueve con rapidez y pasión: "¡Gálatas torpes! ¿Quién los ha hechizado a ustedes…?" (3:1).

En los capítulos previos hemos dado un breve panorama histórico del "problema gentil" que la Iglesia del primer siglo enfrentó. A través del trabajo de Pablo y sus colegas, dirigido por el Espíritu, la Iglesia estaba siendo inundada con gente que se había convertido de religiones paganas al cristianismo. Cuando recordamos que la Iglesia nació en el (o del) judaísmo y que todos sus primeros líderes fueron judíos de raza y tradición religiosa, es un poco más fácil para nosotros entender por qué este oleada de gentiles era un problema. Algunos entre el liderazgo estaban convencidos de que estos nuevos creyentes debían volverse judíos al mismo tiempo que se volvían cristianos, adhiriéndose a leyes del Antiguo Testamento como la circuncisión, restricciones alimenticias, y los días santos.

Otros líderes, sin embargo, especialmente Pablo, ya reconocían que el cristianismo iba a ser una religión dependiente de, pero completamente separada del judaísmo. Veían el legalismo del Antiguo Testamento como un yugo de esclavitud para esos nuevos convertidos (Hechos 15:10).

Pablo, el gran teólogo del cristianismo, también se dio cuenta de que el nuevo pacto era uno de gracia, no de mérito. El antiguo pacto, aún cuando estaba fundado en la gracia, hacía mucho que se había convertido en un sistema de "conteo de puntos". Bajo el antiguo pacto, se ganaba el favor de Dios guardando las reglas. Pablo reconoció que la base del nuevo pacto era la fe en el favor inmerecido de Dios.

Este evangelio de fe, gracia y salvación gratuita era el evangelio que Pablo había predicado a las iglesias en Galacia en su primer viaje misionero. Fue bajo esa prédica que los gálatas habían creído y se habían vuelto cristianos.

Pero ahora, como Pablo dijo en su primer capítulo, "ciertos individuos están sembrando confusión entre ustedes y quieren tergiversar el evangelio de Cristo" (1:7). Estos "individuos" eran los judaizantes, persuadiendo a los gálatas a someterse a la circuncisión y obedecer las otras leyes rituales del Antiguo Testamento.

En los capítulos 3 y 4, Pablo usa 6 tipos de argumentos para probar a sus lectores que el camino de la gracia es superior al camino de la ley.

1. El argumento de la experiencia (3:1-5). Pablo les recuerda a los gálatas de su experiencia de salvación cuando primero se convirtieron bajo su ministerio: "¿Recibisteis el Espíritu por las obras de la ley, o por el oír con fe?" (v. 2).

2. El argumento escritural (3:6-14). Pablo después apela a la escritura del Antiguo Testamento. Abraham, quien fue hecho justo a los ojos de Dios ante la ley que le fue dada a Moisés, fue obviamente justificado por fe.

3. El argumento lógico (3:15-25). El siguiente argumento es un argumento típico rabínico, difícil para nosotros de seguir. Su clave es el verso 17, que prueba que el camino de la gracia es superior al camino de la ley porque es más viejo. Pero para esquivar a aquellos que podrían acusar a Pablo de desechar la ley, él muestra que la ley sí tuvo un lugar históricamente en el plan de salvación. Sirvió como "guía" (v. 24) o "esclavo que vigila a los niños" (DHH) hasta que la gente maduró lo suficiente para entender la gracia.

4. El argumento familiar (3:26--4:7). En estos versículos Pablo muestra que aquellos que creen en Cristo son, por la fe, hijos de Dios y herederos del reino.

5. El Argumento Personal (4:8-20). Aquí Pablo revela su gran preocupación por los gálatas. En términos muy personales y conmovedores el apóstol les ruega a los gálatas permanecer fieles al evangelio que les enseñó.

6. El argumento alegórico (4:21-31). Pablo usa la historia del Antiguo Testamento de Agar y Sara para alegorizar el conflicto entre la ley y la gracia. La ley es como Ismael, hijo de la mujer esclava, Agar; la gracia es como Israel, hijo de la libre, Sara.

Para nosotros hoy, los códigos legalistas del Antiguo Testamento no son un problema. No somos tentados a obedecer las instrucciones dietéticas o celebrar los festivales rituales de Levítico. Nosotros, sin embargo, hemos creado nuestras propias estructuras legalistas, de las que nuestros jóvenes son herederos. Depender de esas estructuras para obtener salvación es tan letal y gravoso como depender de la ley del Antiguo Testamento. En esta lección exploraremos parte de ese legalismo. Tal vez sea un reto para algunos de nosotros separar el cumplimiento de los estándares aceptados de un grupo o cultura particular de la dependencia de esos estándares para obtener salvación. Confíe en la guía del Espíritu Santo durante esta lección.

CONÉCTATE CON LA PALABRA

¡Salvos!

Esta actividad está diseñada para ayudar a sus jóvenes a empezar a pensar acerca de las cosas en las que dependen para ganar su salvación. Explique que iniciarán con 100 puntos y perderán puntos cada vez que una de las declaraciones se aplique a ellos.

• Sustrae 90 puntos si has matado a alguien.

• Sustrae 75 puntos si has asaltado un banco.

• Sustrae 50 puntos si has golpeado a una anciana.

• Sustrae 40 puntos si te has emborrachado en el último año.

• Sustrae 30 puntos si has fumado un cigarro en el último año.

• Sustrae 20 puntos por cada vez que hayas mentido a tus padres en el último mes.

• Sustrae 15 puntos por cada vez que hayas faltado a la escuela dominical en el último mes.

• Sustrae 10 puntos por cada vez que hayas excedido el límite de velocidad en el último mes.

• Sustrae 5 puntos por cada vez que hayas olvidado tener tus devocionales en el último mes.

• Sustrae 3 puntos por cada vez que te hayas enojado en el último mes.

• Sustrae 1 punto por cada vez que hayas tenido una mala actitud en el último mes.

Cuando hayas terminado la lista, explíqueles que la escala de valores es:

100 puntos = salvación
0-99 puntos = no salvación

Obviamente, ¡ninguno en su grupo será salvo! Este es el punto. Como Pablo dice, "Maldito el que no practica fielmente todo lo que está escrito en el libro de la ley" (Gálatas 3:10). En otras palabras, si estamos dependiendo de una estructura legalista para nuestra salvación, tenemos que obedecer todas las leyes. Si desobedecemos cualquiera de ellas, estamos condenados.

Si prefiere un ejercicio activo, pídales a todos sus estudiantes ponerse de pie. Luego cambie las declaraciones para que digan algo así: "Siéntate si has asesinado a alguien. Siéntate si has asaltado un banco", etcétera. En las últimas seis declaraciones, deje fuera "cada vez" de modo que su declaración sea, "Siéntate si has excedido el límite de velocidad", etc. En la última oración no deberá tener a nadie de pie. Puede divertirse un poco diciendo algo como: Muy bien, todos los que están de pie van al cielo. Para el resto de ustedes… bueno, ¡mejor suerte en su siguiente vida!

EXPLORA LA PALABRA

1. ¡Oh, Gálatas insensatos! (3:1-14)

Obviamente, Pablo está muy disgustado. Alguien ha estado "engañando" a los Gálatas! Alguien ha estado diciendo que para ganar el favor de Dios tienen que mantener la ley del Antiguo Testamento. Pablo, en algunos de sus escritos más apasionados, tiene que persuadirlos de que la salvación no tiene nada que ver con las buenas obras. No ganamos la salvación, es un regalo de Dios.

Pablo utiliza sus dos primeros argumentos en este pasaje. En los versículos 1-5, utiliza el argumento de la experiencia. En los versículos 6-14, utiliza el argumento bíblico.

Pide a los jóvenes leer estos 14 versos y, a continuación respondan a estas preguntas:

1. Si se pudiera resumir la actitud de Pablo en una palabra, ¿cuál sería?

2. En este pasaje, Pablo está contrastando dos cosas. ¿Cuáles son?

3. En los versículos 1-5, Pablo les recuerda de su experiencia personal de salvación. ¿Cuál es la intención de hacer esto?

4. En los versículos 6-14, Pablo hace alusión a seis pasajes del Antiguo Testamento. Lean Génesis 15:6, 12:3; Deuteronomio 27:26; Habacuc 2:4; Levítico 18:5 y Deuteronomio 21:23. Ahora, identifiquen estas citas bíblicas en Gálatas 3:6-14.

2. Permaneciendo en la promesa (3:15-4:7)

En 3:15-25, Pablo usa un argumento lógico para demostrar la superioridad de la fe y la gracia sobre la ley. Esto se vuelve bastante complicado, así que pasa un poco de tiempo en este asunto. En 3:26 4:7 Pablo usa un argumento familiar.

Que alguien lea estos versículos en voz alta y luego respondan las siguientes preguntas:

1. En los versículos 15-18, señala Pablo que el camino de la gracia es más antiguo que el camino de la ley. La clave de este argumento es el versículo 17. ¿Puedes poner este versículo en sus propias palabras?

2. Sólo en caso de que alguien podría tener la idea de que Pablo piensa que la ley no sirve para nada, sigue explicando su finalidad en la historia. El versículo 24 es la clave de este argumento:

• "La ley vino a ser nuestro guía encargado de llevarnos a Cristo" (NVI)

• "La ley ha sido nuestro maestro de escuela" (RV)

• "las leyes judías fueron nuestro maestro y guía" (TLB)

• "La ley fue como un profesor estricto" (Phillips)

• "La Ley iba a ser nuestro tutor" (JB)

Con estas diferentes versiones que nos ayudan a entender este versículo, ¿cuál crees que fue el punto de Pablo?

3. ¿Cómo se convierte alguien en un hijo de Dios (v. 26)?

4. Comparar 4:1-3 con 3:23-24

3. La súplica de un apóstol (4:8-20)
Ahora se mueve Pablo al más íntimo de sus argumentos, un argumento personal. Aquí vemos el verdadero corazón del apóstol. Él está de rodillas, suplicando a los Gálatas, a renunciar a su necedad.

Que alguien lea estos versículos en voz alta y luego respondan las siguientes preguntas:

1. ¿Qué palabra podría ser utilizada para describir la actitud de Pablo en estos versículos?

2. ¿Qué quiere decir Pablo por "principios ineficaces y sin valor" (v. 9)?

3. En el versículo 17, Pablo se refiere a "las personas". ¿Acerca de quién está hablando?

4. Agar y Sara (4:21-31)
Ahora Pablo concluye esta sección con un argumento alegórico. Él usa un incidente tomado del Antiguo Testamento como una alegoría (una historia simbólica) para terminar esta discusión teológica. Lean este pasaje y luego respondan a estas preguntas:

1. Lea Génesis 16:1-16 y 21:1-21. Resuman estos pasajes del Antiguo Testamento.

2. En el argumento de Pablo, ¿qué representan estas dos mujeres del Antiguo Testamento y sus hijos?

3. En los capítulos 3 y 4, Pablo ha utilizado seis argumentos para contrastar la salvación por la gracia mediante la fe, con la salvación por la obediencia a la ley. ¿Te ha convencido? ¿Crees que convenció a los Gálatas?

Después de que sus jóvenes hayan respondido a esta pregunta, usted probablemente tendrá que pasar unos momentos complementando su comprensión con el material del Antecedente Bíblico que está incluido en una sección previa. Asegúrese de que primero entiendan el conflicto entre Pablo y los judaizantes que querían que los gentiles guardaran la ley. Luego, ayúdeles a comprender la diferencia entre la salvación por méritos (obras, guardando la ley, obedecer las normas) y la salvación por la gracia (un regalo gratuito, independientemente del mérito, recibido por la fe). Por último, explíqueles que el conflicto entre la ley y la gracia todavía existe. Ya no es acerca de la circuncisión y los rituales del Antiguo Testamento, pero se refiere a cualquier estructura legalista, cualquier conjunto de reglas, o cualquier clase de sistema de "puntos" en el que confiemos para ganar el favor de Dios.

EXPERIMENTA LA PALABRA
Nada puedes hacer

Pida a sus jóvenes estar callados por un momento, tal vez cerrando los ojos para concentrarse en lo que usted va a decir. Luego leales el siguiente poema:

No hay nada que puedas hacer--

      ningún acto de devoción, ningún acto heroico, ningún acto de amabilidad, ningún sacrificio, nada--

      que haga que Dios te ame un poquitito más de lo que Él te ama en este momento.

Tampoco hay nada que puedas hacer--

      ningún crimen atroz, ningún acto de violencia, ninguna actitud impropia, ningún

      pensamiento impuro, nada--

      que haga que Dios te ame un poquitito menos de lo que Él te ama en este momento.

Permita unos momentos de silencio para que el significado del poema llegue. Luego diga: El único requisito que Dios te pide para ser declarado justo, santo y puro a sus ojos es que creas y aceptes su amable regalo de salvación.

Haga esta pregunta a sus estudiantes: ¿De qué cosas (obras, acciones, actitudes, reglas) has estado dependiendo para ganar la aceptación de Dios? No les pida responder en voz alta. Ellos deben escribir sus respuestas en privado, o sólo meditar en sus respuestas en silencio. Anímeles a tomar en serio esta pregunta. ¿Hay algo que ellos estén haciendo para ganarse la aceptación de Dios?

Finalmente, pregúnteles: ¿Puedes confiar en Él ahora mismo para aceptar su amor y que te salve sin ninguna de esas cosas? Si siente que es el tiempo correcto, puede tener una conclusión evangelística para su lección, explicando el camino de la salvación a su clase y dándoles una oportunidad para responder. Tal vez quiera considerar pedirle a su pastor que se le una para esta lección y que dirija estos momentos finales. De cualquier forma que usted proceda, concluya la lección con una oración de acción de gracias por el libre y cariñoso regalo de Dios.

3 ¡LA VIDA
POR EL ESPÍRITU!

PASAJE BÍBLICO: Gálatas 5:1-6:18

VERSÍCULOS CLAVES: "Si el Espíritu nos da vida, andemos guiados por el Espíritu " (Gálatas 5:25).

OBJETIVOS DE ENSEÑANZA

Ayudar a los estudiantes a:

1. Entender que las buenas obras que siguen, y son una respuesta a la salvación, son indicadores de crecimiento espiritual.

2. Desear expresar su gratitud y compromiso a Dios a través de exhibir la ley del amor y el fruto del Espíritu.

3.Empezar a usar la ley del amor y el fruto del Espíritu como varas espirituales de medición.

PERSPECTIVA

¡Está bien! Pablo ha dejado su punto en claro. Ahora hemos quitado todas las reglas, leyes y estructuras legalistas de nuestras vidas. ¿Ahora qué? ¿Vamos a vivir sin ningún tipo de guía? ¿Queda cada uno a la deriva?

Los jóvenes necesitan entender que la salvación por gracia y no por mérito no elimina los estándares de la conducta ni quita el beneficio de las buenas obras. Esta lección les ayudará a buscar el balance entre el legalismo y la falta de ley, y encontrar el lugar apropiado para las buenas obras en sus vidas.

ANTECEDENTE BÍBLICO

Al adentrarse Pablo en el capítulo 4, uno tiene la impresión de que él sabe que ha ganado su debate. Su confianza probablemente no esté tanto en su poder de persuasión sino en el liderazgo del Espíritu Santo y la receptividad de los gálatas a la verdad.

Los capítulos 5 y 6 tienen el tono de "Ahora, ya que estamos de acuerdo en este asunto doctrinal, veamos cómo funciona en la vida real".

En 5:1-15 Pablo está alentando a los gálatas a celebrar su libertad en Cristo y estar alertas contra cualquier violación mayor. También resume la ley del Antiguo Testamento en un mandamiento: "Ama a tu prójimo como a ti mismo" (5:14; compare con Mateo 22:35-40).

En estos versículos Pablo también introduce una idea que ampliará en 5:16-6:10. Esta idea puede ser mejor explicada por la antigua ilustración en la que la verdad es una senda angosta entre dos canales. El canal de un lado, el legalismo y la salvación por obras, es lo que trataron los primeros cuatro capítulos de la carta. Pero hay un canal del otro lado también (el canal del antinomianismo, o falta de ley). El que la ley no pueda salvar no significa que no tenga valor. Sólo porque no podemos ganar la salvación con obras, no significa que no debamos valorar tales obras. Sólo porque Dios nos justifica libremente a través de la gracia y sin méritos nuestros, no significa que no debamos tener ningún mérito.

Las buenas obras no otorgan salvación. No son un mérito para la salvación. Sin embargo, el cambio que ocurre en nuestras vidas cuando recibimos el regalo de la salvación debe resultar en buenas obras. Dicho de otra forma, la respuesta natural a la salvación debe ser una vida cambiada, una vida que refleje los mandamientos de Dios.

Tal vez una ilustración ayude aquí. Si un hombre ama a su esposa será fiel a ella; no porque la fidelidad marital sea la regla, sino porque su amor hace que él quiera ser fiel. Él no se gana el amor de su esposa por ser fiel, sino que su fidelidad es una respuesta al amor de ella.

En 5:16-26, Pablo da tal vez la mejor explicación de este concepto. Uno que vive por el Espíritu naturalmente exhibirá el "fruto del Espíritu" (v 22-23). Las "obras de la naturaleza pecaminosa" (v19-21) no tendrán parte en la vida del creyente porque son "contrarias al Espíritu" (v 17). Si está siguiendo a Pablo cuidadosamente y entendiendo plenamente lo que está diciendo, puede resumir diciendo que cuando una persona está siendo guiada por el Espíritu puede hacer lo que quiera. (Porque uno querrá hacer solamente las cosas que el Espíritu lo guíe a hacer).

Aunque no haya suficiente espacio aquí para un examen detallado de los elementos separados en las dos en listas de 5:19-23, sería prudente pasar unos minutos en un diccionario o comentario bíblico estudiando estas listas antes de la clase.

CONÉCTATE CON LA PALABRA

Rey Nomos de Kosmos

Busque a alguien en su iglesia (aún entre los jóvenes) que trabaje con niños y sepa cómo contar una buena historia de hadas. Pídale a esa persona que se prepare para contar el cuento que se narra aquí. Es una historia absurda, así que su contador de cuentos podrá divertirse con ella.

Había una vez, en una tierra llamada Kosmos, un hombre muy duro y estricto que reinaba, el Rey Nomos. Tenía leyes para todo. Leyes acerca de cómo comer el desayuno, leyes acerca de cómo afeitarse, leyes de cómo conducir un auto, leyes de cómo hablar por teléfono, leyes de cómo ganar dinero, leyes de cómo gastar el dinero, leyes de cómo tratar a los animales, leyes de cómo tratar animales -como a pequeños hermanos-, leyes de cómo cortarse las uñas de los pies, leyes acerca de… bueno, ya tienen una idea.

Cada año, los ciudadanos de Kosmos se frustraban más y más con el Rey Nomos y sus leyes. ¡Vivir en Kosmos era un poco como estar en la cárcel! ¡No había libertad, ni creatividad, ni espacio para respirar!

Un día los ciudadanos decidieron que habían aguantado suficiente. Eligieron a un líder llamado Antinomos quien echó al rey Nomos en prisión y abolió todas las leyes en la tierra. ¡La gente estaba feliz! ¡La gente celebraba! ¡Y, la gente pronto se encontró en un caos absoluto!

Sin las leyes del Rey Nomos, la gente conducía sus carros de cualquier forma que ellos quisieran. Los hombres y las mujeres renunciaron a sus trabajos y empezaron a robarse unos a otros. Los niños empezaron tratar a sus mascotas (y a sus hermanitos) con crueldad. ¡Y nadie se cortaba las uñas de los pies correctamente!

Luego, un día un hombre muy sabio llamado Sofos vino a Kosmos. Cuando vio el caos y descubrió lo que lo había causado convocó a toda la gente.

"Ustedes, mis amigos, son como un hombre que guía a un burro por una senda agosta entre dos canales profundos. Si su burro se cae en el canal de la izquierda, el hombre jala al burro y camina lo más lejos de la izquierda que pueda. Sin embargo, si camina demasiado lejos del canal izquierdo, el burro caerá en el canal de la derecha. Él debe encontrar el camino entre los dos canales".

Cuando oyeron a Sofos, la gente de Kosmos se dio cuenta del error que habían cometido. Echaron a Antinomos en prisión con el rey Nomos y empezaron el proceso de decidir cuáles reglas eran razonables y necesarias.

Finalmente la paz y la tranquilidad reinaron en Kosmos.

Después de la historia, haga a sus estudiantes las siguientes preguntas, pero no espere buenas respuestas en este momento. No premie a los que den respuestas "correctas" y no rete a los que den respuestas "incorrectas".

Hasta ahora en Gálatas, Pablo ha debatido contra la ley. ¿Crees que lo que quiere decir es que las leyes deben ser eliminadas y los cristianos deben actuar como a ellos les dé la gana? ¿Cómo podemos evitar el caos sin ser legalistas?

EXPLORA LA PALABRA

1. Llamados a ser libres (5:1-15)
Si vivimos bajo el "yugo" de la Ley es como estar en la cárcel, como Pablo ha dicho (3:23), entonces vivir bajo la gracia es ser libre. En esta sección, Pablo dice a los Gálatas, "¡Celebren su libertad!".

Lean estos versículos y luego respondan las siguientes preguntas:

1. En los versículos 2 y 3 de Pablo no está diciendo que cualquiera que haya tenido la cirugía menor de la circuncisión está bajo el peso de la ley. (La circuncisión es un procedimiento común en muchas partes del mundo por razones de salud y culturales.) Recuerde que el acto de la circuncisión celebró un significado simbólico para los judíos. ¿Qué es lo que Pablo realmente está diciendo en estos versículos?

2. ¿Cuál es el punto que Pablo está tratando de presentar en los versículos 7-12?

3. Alguien dijo una vez que la verdad es como caminar un estrecho sendero entre dos zanjas. Si trabajas bajo un sistema legalista, tratando de ganar la salvación estás en una zanja, entonces, ¿cuál es la otra zanja? (Ver v. 13).

4. Lean los versículos 6 y 14. ¿Cuál es una ley que Pablo piensa que un cristiano debe obedecer?

2. El fruto del Espíritu (5:16-26)
Esta sección es una de las más conocidas en todos los escritos de Pablo. Sirve como un polo de equilibrio para el equilibrista que está tratando de evitar la zanja del legalismo, por un lado, y la zanja del libertinaje por el otro.

Después de leer estos versículos, contesten estas preguntas:

1. ¿Cuál es el "antídoto" para vivir bajo la ley (v. 18)?

2. Puede que sea de ayuda leer los versículos 19-21 en varias versiones. Busca las palabras que no entiendas. Después de todo lo que Pablo ha dicho acerca de cómo evitar una estructura legalista, ¿no parece que sólo que da la vuelta y nos lanza otra lista de reglas aquí? Lean los versículos 16-17, nuevamente. ¿En qué se diferencia esta lista de una lista legalista de "no-no"?

3. Si no lo han hecho, memoricen los versículos 22-23a. Utilízalos como una lista de verificación diaria no - para "mantener el marcador" de tu espiritualidad o acumular "puntos de bondad", para que Dios te ame, sino como una vara para medir tu crecimiento espiritual.

3. Algunos consejos finales (6:1–18)

Pablo ha terminado de decir lo que tenía que decir en esta carta. Ha presentado sus argumentos, convencido a sus lectores, y concluyó su tesis doctrinal. Ahora él está enumerando algunos elementos de "no se olviden de" - casi como un "Postdata" o un mini extra-sermón lanzado sin cargo extra.

Lean estos versículos y luego respondan a estas preguntas:

1. Si alguien realmente quiere una ley para vivir, Pablo nos da dos. La primera que él ha discutido está en el 5:6 b y 5:14. La segunda ley está aquí, en el versículo 2. ¿Cuáles son?

2. Escribe los versículos 3-5 en tus propias palabras.

3. En los versículos 7-10 tenemos la "ley de la siembra y la cosecha". Esta es una de las leyes "naturales" del universo. Al igual que la ley de la gravedad, no tenemos que preocuparnos por obedecerla. Funciona con o sin nuestra cooperación. Resuman esta ley en una sola frase.

4. Siguiendo la costumbre de la época (y también porque probablemente tenía mala visión), Pablo dictó todas sus cartas a un escribano. En los versículos 11-18, él aparentemente toma la pluma con su propia mano para terminar la carta con comentarios personales. ¿Qué enseñanza sacas de la actitud del apóstol al concluir esta carta de esta manera

EXPERIMENTA LA PALABRA

La ley del amor

Este ejercicio discute brevemente la "Ley de amor" como el principio guía del fruto del Espíritu y una vida guiada por el Espíritu. Ella también se vuelve una vara de medición o una meta para evaluar el crecimiento espiritual.

Diga: El hecho de que el "amor" sea el primer fruto del Espíritu en Gálatas 5:22-23 no es mera casualidad. El amor no es sólo uno de los nueve frutos. En realidad, los otros ocho frutos son de hecho, expresiones del amor.

Aún cuando a Pablo el Antiguo Testamento no le sirve de mucho, sí instruye a los gálatas a obedecer la "Ley del amor":

• Lo que vale es la fe que actúa mediante el amor (Gálatas 5:6b).

• Más bien sírvanse unos a otros con amor. En efecto, toda la ley se resume en un solo mandamiento: "Ama a tu prójimo como a ti mismo" (Gálatas 5:13b-14).

Como con los otros ocho frutos del Espíritu, el amor no nos hace merecedores del favor de Dios. En cambio, es el resultado del trabajo de Dios en nosotros.

Pide a los jóvenes que enlisten bajo cada fruto, una o dos maneras en que puedan vivir activamente la "Ley del Amor" en sus vidas diarias.

Ejercite su sensibilidad espiritual al decidir cómo concluir esta lección. Diga, Pídanle a Dios que les muestre qué "frutos del Espíritu" necesitan ser demostrados efectivamente en sus vidas. Déjeles saber que la gracia de Dios es suficiente- con ella basta- y que Él quiere ayudar a cada persona a tener fruto del espíritu. Puede que necesite darles a sus estudiantes una oportunidad para recibir el regalo gratuito de la gracia de Dios. Tal vez necesite discutir la obra y la actividad del Espíritu Santo con sus estudiantes que ya son cristianos. Tal vez necesite estar en silencio y dejar que el Espíritu Santo haga Su trabajo.

4 LA VIDA
EN CRISTO

PASAJE BÍBLICO: Efesios 1:1–2:22

VERSÍCULO CLAVE: "Por su gran amor por nosotros, nos dio vida con Cristo, aun cuando estábamos muertos en pecados. ¡Por gracia ustedes han sido salvados!" (Efesios 2:4-5).

OBJETIVOS DE ENSEÑANZA

Ayudar a los estudiantes a:

1. Identificar lo que Dios ha hecho por ellos en Cristo.

2. Valorar la obra de Dios en sus vidas.

3. Agradecer y alabar a Dios por su obra en Cristo.

PERSPECTIVA

J. B. Phillips escribió un libro titulado Tu Dios es muy pequeño, en el cual explora los falsos conceptos bajo los cuales mucha gente vive. Varios de estos falsos conceptos incluyen la idea de que Dios de alguna forma está en contra nuestra y que tiene que ser convencido de que nos ame, acepte, y redima. Desafortunadamente, muchos jóvenes tienen este concepto de Dios. Esta lección les ayudará a darse cuenta de que la actividad de Dios en la historia- y aún desde antes- ha sido a favor nuestro. Su meta en la creación era compartir con nosotros las riquezas de Su gracia.

ANTECEDENTE BÍBLICO

Si bien Gálatas y Efesios vinieron de la pluma del mismo apóstol, son dos cartas muy diferentes.

La carta de Gálatas fue escrita "en el calor de la batalla" cuando Pablo estaba peleando por las vidas espirituales de sus amados en Galacia. Es apasionada, específica e inmediata.

Efesios, sin embargo, fue escrita años después, durante el encarcelamiento de Pablo en Roma (ver Hechos 28:16). Aunque fue dirigida a la iglesia en Éfeso, probablemente se pretendía que circulase en todas las iglesias de Asia Menor (ahora Turquía). Como Pablo no está tocando ningún problema en especial, es más general y filosófica en su naturaleza que Gálatas. Pero lo que le falta en inmediatez lo tiene en riqueza.

El enfoque principal de este libro es cristológico, esto es, un enfoque en la vida y obra de Cristo. Si hojea sus páginas, verá que el nombre de Cristo es mencionado frecuentemente. Probablemente debido al tiempo que Pablo tuvo para reflexionar y orar mientras estaba en la cárcel, el libro contiene maravilloso material devocional. Está lleno de alabanza y adoración.

Después de los saludos tradicionales (v. 1-2), Pablo empieza el libro con un himno de alabanza. Los versículos 3-14 de hecho contienen una oración en el idioma original. En él, Pablo habla de Dios el Padre (v. 3-6), Dios el Hijo (v. 7-12), y Dios el Espíritu Santo (v. 13-14). De alguna forma, Pablo está enlistando las "descripciones de trabajo" de cada miembro de la Trinidad:

El Padre nos ha escogido para ser santos, pre-planeó para nosotros ser adoptados como hijos, y nos ha dado gracia gratuita a través de Jesucristo.

El Cristo nos ha redimido por Su sangre, nos ha perdonado nuestros pecados, y revelado el misterio de Su voluntad.

El Espíritu Santo funge como el sello de nuestra redención y el depósito o garantía de nuestra herencia eterna.

Lo importante aquí es que la iniciativa es enteramente de Dios. Él escogió compartir con nosotros de sus riquezas espirituales. Muchos de nosotros vivimos con la idea equivocada de que tenemos que persuadir a Dios para que nos perdone. Nada es más alejado de la verdad, como Pablo lo deja en claro aquí. Nuestra redención fue planeada aún antes de nuestro nacimiento, y todas las acciones de Dios en la historia han sido a favor nuestro y de nuestra redención.

Pablo continúa este himno de alabanza con una oración en favor de los creyentes. Su oración era que aquellos santos tuvieran el Espíritu de sabiduría para conocer mejor a Dios. A la mitad de esta oración, por ahí del versículo 10 o 20, Pablo olvida que está orando y empieza a predicar acerca de la autoridad y poder de Cristo.

La siguiente sección, 2:1-10, contrasta la muerte espiritual con la vida espiritual. En 2:1-3, Pablo describe la condición de la muerte espiritual. Este pasaje se parece mucho a la discusión sobre la naturaleza pecaminosa en Gálatas 5. Es una oscura pintura de las personas que son "por naturaleza objeto de la ira de Dios".

El verso 4 empieza con "Pero"- y vaya que es un "pero" importante. "Pero Dios que es rico en misericordia, por su gran amor por nosotros, nos dio vida con Cristo aun cuando estábamos muertos en pecados" (v. 4-5). Note de nuevo que la actividad es de Dios y no nuestra. La redención inicia con el deseo de Dios de redimirnos.

En los versículos 5b y 8-10 encontramos repetidamente el tema que estudiamos en Gálatas, que somos salvos por gracia, no por obras. Note de nuevo la correcta colocación cronológica de las "buenas obras". Previo a la salvación, ellas no tienen sentido. En ninguna forma nos conceden nuestra redención. Pero una vez salvos somos "creados en Cristo Jesús para buenas obras" (v. 10). Las buenas obras siguen y son una respuesta al trabajo que Dios hace en nosotros.

La sección final, 2:11-22, otra vez nos recuerda de uno de los temas que estudiamos en Gálatas, el ministerio de Pablo a los gentiles. Pero en lugar de la pasión y tal vez ira que Pablo mostró en Gálatas, aquí encontramos reflexión y paz. La diferencia, desde luego, es que Pablo escribió Gálatas en el corazón de la batalla, enfrentando el peligro real de que la Iglesia pudiera negarse a aceptar a los gentiles como creyentes. Para cuando escribió Efesios la batalla había terminado y los gentiles habían sido aceptados como ciudadanos del Reino con plenitud de derechos. En esta carta, el apóstol le da todo el crédito de esa victoria a Cristo: "Porque Cristo es nuestra paz: de los dos pueblos ha hecho uno solo, derribando mediante su sacrificio el muro de enemistad que nos separaba" (v. 14).

CONÉCTATE CON LA PALABRA
Al descubierto

Esta actividad es una mirada ligera a un asunto serio: los conceptos erróneos acerca de Dios que mucha gente tiene. Si quieren divertirse con esto, pida a cinco de sus jóvenes con tiempo que memoricen el guión y estén preparados para presentarlo a su grupo. O escoja a varios estudiantes para que sólo lean estas partes en voz alta.

Tras la presentación de estos entrevistados, pida a su grupo que comente sobre lo que ha escuchado. No intente enseñar la lección en este punto, sólo escuche lo que sus jóvenes tienen que decir.

Un día en la vida de Carlos Pasos

Carlos Pasos, el famoso reportero itinerante de TV está tras la nota de nuevo, conduciendo su segmento de entrevistas "Tras los pasos de…" en algún lugar de una gran ciudad. Está deteniendo a la gente en la acera y preguntándoles, "¿Cómo cree usted que es Dios? Veamos el programa…

CARLOS: Disculpe, señor. ¿Podría decirle a nuestra audiencia de TV-landia cómo cree usted que es Dios?

FRANCO: Ah, déjeme pensar un minuto. Oh, lo tengo. Creo que Dios es como un domador de leones.

CARLOS: ¿Un domador de leones?

FRANCO: Sí, así como el que hace que los gatotes salten en medio de aros, y se paren en la silla y todo eso. Creo que así es como Dios trabaja. Él tiene todos esos aros y quiere que saltemos por en medio, ¡y también tiene un gran látigo para mantenernos quietos!

CARLOS: Bien, gracias por su observación. Por cierto, ¿pasa usted mucho tiempo en el circo, señor? Oh, ya se fue. Disculpe señora, ¿podría regalarme un momento?

MARGARITA: Un momento es todo lo que tengo, charlatán. Hable rápido.

CARLOS: Bueno, de hecho, usted hablará. ¿Puede decirnos cómo piensa que es Dios?

MARGARITA: Ja, eso no tomará mucho porque tengo su número. Es como el hombre que voy a ver ahora mismo, el ejecutivo de préstamos del Banco Nacional. Voy a tener que rogar y suplicar y hacer piruetas para sacarle un centavo a ese tacaño. Y todo el tiempo estará viéndome como si fuera un insecto arrastrándome bajo su puerta. Finalmente, después de mucho rogarme dirá, "Lo voy a pensar por un rato. Luego le llamo". Si tengo suerte escucharé de él en esta década. ¡Si no es así como Dios trabaja me como esta solicitud de préstamo!

CARLOS: ¡Buen provecho! Oiga, joven, sí, usted, el de la gorra de béisbol. ¿Cómo cree que es Dios?

TOÑO: Eso es fácil, chico. Es como el Gran Referí en el Juego de la Vida.

CARLOS: ¿Cómo es eso?

TOÑO: Pues tú sabes, chico. Él mira todas las jugadas, incluyendo las que pasan detrás de Él. Es astuto, chico, está listo para atrapar a algún tipo escupiendo la bola, o poniéndole resina de pino a su bat, cosas como esa. Luego atrapa al hombre, lo saca del juego. Su gozo más grande es cuando dice; "¡Estás fuera!"

CARLOS: Bueno, ya veo donde pasas tu tiempo. Gracias por compartir tu opinión. Creo que tenemos tiempo para uno más. Señorita, disculpe. Si se quita esas cosas de los oídos podría escucharme. Eso, así está mejor. Ahora, ¿cómo cree que es Dios?

ANA: ¡Qué bárbaro! O sea, ¿estoy en la tele? ¡Es increíble, ves! ¿Cómo es Dios? Bueno, en realidad no sé, no lo conozco en persona. Pero, creo, que debe ser como mi papá. Tú sabes… como… ahí. Siempre presente pero nunca de verdad metido en lo que pasa. Es como si nunca se diera cuenta de tu presencia. Si quieres algo, o sea, sólo su atención, tienes que pararte casi sobre su cabeza. O sea, es como si tuvieras que hacer una cita con su secretaria. Y si quieres algo grande, bueno, olvídalo. Entonces es cuando se acuerda de todas las cosas pequeñas que has hecho mal, o sea, como no sacar la basura.

CARLOS: Ya veo. También veo que se nos acabó el tiempo. Oye, dale mis saludos a tu padre, ¿sí? Y televidentes es todo por hoy. Hasta la próxima semana, este es Carlos Pasos, andando siempre "Tras los pasos de…"

EXPLORA LA PALABRA

1. Una fuente de bendiciones espirituales (1:1–14)

Pablo sabe cómo condensar mucho contenido significativo en un espacio corto. Podríamos pasar el resto del año estudiando los versículos 3-14, los cual, por cierto, son una sola frase en el idioma original. En estos versículos son algunas de las más grandes verdades teológicas en todo el Nuevo Testamento. Así que no te apresures cuando los leas. Haz que la clase lea estos versos y luego respondan a estas preguntas:

1. Los versículos 3-6 son acerca de Dios-Padre y su obra a nuestro favor. Pablo enumera tres cosas que el Padre ha hecho por nosotros. ¿Cuáles son?

2. Versículos 7-12 son de Dios-Hijo y las bendiciones que tenemos en él. Una vez más, Pablo enumera tres cosas que tenemos a través de Cristo. ¿Cuáles son?

3. Los versículos 13-14 son acerca de Dios-Espíritu Santo. Pablo describe al Espíritu Santo con dos metáforas. ¿Puedes identificarlas?

4. Lean los versículos 4, 5, y 11 juntos. Que no les asuste la palabra "predestinado". Hay una idea teológica, aceptada por algunas tradiciones, que Dios predestina a ciertas personas para ser salvas y otras para ser condenadas -¡y no hay nada ni grupo puede hacer algo al respecto! Esa creencia se le conoce con frecuencia, simplemente como "predestinación". Pero eso no es lo que Pablo está hablando aquí, ¿verdad? ¿Qué está diciendo en estos versículos?

5. Ir a través de estos versos y contar cuántas veces Pablo usa la frase "en Cristo" o "en él". (Es posible que desee mantener un recuento actualizado de esta frase en todo el libro.) ¿Qué creen que el apóstol quiere decir con esto?

2. Pablo ora por nosotros (1:15-23)

Hay que leer todas las cartas de Pablo como si estuvieran dirigidas a nosotros. Esto es especialmente cierto de Efesios, dado su carácter general.

Que alguien lea estos versículos en voz alta y luego respondan a las siguientes preguntas:

1. En los versículos 17-19a Pablo ora por sus lectores, y por nosotros. Dos veces Pablo sigue el mismo patrón: Ora por (_____) para que o con el propósito de que (_____).

2. Encontrar ese patrón o fórmula y completa la siguiente:

a. Pablo ora a favor:

b. De modo que:

c. En seguida, Pablo orar por:

d. Con el fin de que:

3. En algún punto en el medio del versículo 19 o 20, Pablo se olvida que está orando y comienza a predicar. (¿Tiende su pastor a predicar durante su oración?). Este es un pasaje "cristológico", y lo que significa es que es un pasaje que describe, define, o proclama a Cristo. ¿Qué dice Pablo acerca de Cristo en este pasaje?

3. De muerte a vida (2:1-10)

En esta sección, Pablo contrasta la muerte espiritual (vv. 1-3) con la vida espiritual (vv. 4-10). ¡Y qué contraste es este!

Pídale a alguien de la clase que lea esta sección y, a continuación respondan a estas preguntas:

1. Compare los versículos 1-3 con Gálatas 5:17-21. ¿Qué está hablando Pablo?

2. Tenga en cuenta que el cambio de la muerte espiritual a la vida espiritual no es el resultado de algo que hemos hecho, sino el resultado de la acción de Dios (versículos 4-5). ¿Qué ha hecho Dios?

3. Lea los versículos 8-10. ¿Les suenan familiar? ¿Cómo se comparan estos versos con lo que han estudiado en Gálatas?

4. Unidos en Cristo (2:11-22)

Recordará, de nuestro estudio de Gálatas, que Pablo pasó la mayor parte de su vida ministrando a los gentiles (no judíos). Los destinatarios de esta carta, por consiguiente, serían predominantemente no judíos cristianos. Piense acerca de la controversia sobre los gentiles que se convertían al cristianismo cuando esta polémica estaba en su apogeo en el momento en que Pablo escribió Gálatas. Luego, lean estos versos y respondan a estas preguntas:

1. ¿Cómo es esta discusión diferente al debate sobre el mismo tema que se menciona en Gálatas? ¿Cómo es el tono o actitud diferente?

2. ¿A quién da el crédito Pablo por la reconciliación ente los gentiles y los judíos?

3. Recuerden que Pablo está hablándonos en estos versos, sobre todo si somos gentiles (no judíos). Lean nuevo el pasaje, tal vez sustituyendo su nombre de cada vez que Pablo escribe "ustedes", y luego compartan lo que sintieron

EXPERIMENTA LA PALABRA
Amor, gracia y misericordia
Esta actividad final se enfoca en la clave para recibir todo lo que Dios ha planeado para nosotros- nuestra salvación. Pida a alguien que lea en voz alta Efesios 2:4-5. Usted puede, desde luego, hacer de ésta una conclusión evangelística, si siente que sería apropiado. Si no, pida a sus estudiantes expresar su aprecio por la riqueza espiritual que Dios les ha dado, empezando con su redención e incluyendo la lista de riquezas espirituales que usted identificó en la actividad previa. Pueden hacer esto por escrito, en un formato de discusión, en oración en silencio, o en una oración grupal con los estudiantes orando con frases cortas. Enfatice la bondad de la gracia de Dios y el poder de Su amor. Él de verdad quiere lo mejor para nuestras vidas.

5 CRECIENDO
EN CRISTO

PASAJE BÍBLICO: Efesios 3:1-4:32

VERSÍCULO CLAVE: "Por su acción todo el cuerpo crece y se edifica en amor, sostenido y ajustado por todos los ligamentos, según la actividad propia de cada miembro" (Efesios 4:16).

OBJETIVOS DE ENSEÑANZA

Ayudar a los estudiantes a:

1. Reconocer que el diseño de Dios para la Iglesia incluye la unidad a través de la madurez en Cristo.

2. Desear lograr la unidad.

3. Buscar en sus propias vidas formas en que ellos puedan contribuir a la unidad del Cuerpo de Cristo.

PERSPECTIVA

En Irlanda, los protestantes han estado luchando contra los católicos por años; guerras de verdad, con balas y bombas. ¿Esa es la forma en que debe comportarse la gente que proclama el nombre de Cristo? Pero me pregunto si acaso es mejor la situación en nuestro país. Nosotros no combatimos con municiones mortíferas pero combatimos de cualquier forma. Y aun en nuestras propias congregaciones con frecuencia sufrimos separaciones, cismas y divisiones. ¿Qué es lo que ha salido mal?

Lo que ha salido mal es que hemos olvidado que el Cuerpo de Cristo debe ser un cuerpo, unificado bajo su Cabeza, Jesucristo. Esta lección ayudará a sus jóvenes a entender el concepto de unidad cristiana y animarles a trabajar hacia esa meta.

ANTECEDENTE BÍBLICO

El libro de Efesios se divide de forma natural en dos partes. La primera es doctrinal y filosófica. La segunda es práctica y específica. Como hemos escogido tener tres lecciones en este libro encontramos la línea divisoria en la mitad del pasaje que estamos estudiando en esta lección. Pero eso nos ayuda a ver la conexión entre lo doctrinal y lo práctico.

Al final de capítulo 2, Pablo estaba hablando de unidad en la iglesia (especialmente la unidad entre judíos y gentiles). Empieza el capítulo 3 diciendo, "Por esta razón yo, Pablo, prisionero de Cristo Jesús por el bien de ustedes los (y luego se detiene. En el griego este versículo termina con la palabra gentiles). Pablo iba a decir "... por esta razón me arrodillo delante del Padre" (v.14) pero la palabra gentiles le recordó algo más que quería decir de ese tema. No regresa a su pensamiento original sino hasta 13 versículos más tarde. De modo que el versículo 1 debe leerse con el versículo 14 y los versos intermedios leerse como un gran paréntesis.

Empezaremos con esta sección del paréntesis de 3:2-13. Durante el ministerio de Pablo, él se dio cuenta de que toda la idea de que los gentiles fueran parte de la Iglesia ha sido un "misterio" (una verdad previamente no revelada). Pablo entiende que Dios lo llamó a ser un apóstol y misionero de modo que su verdad fuera revelada. Gracias al ministerio de Pablo en Asia Menor y Europa, la Iglesia se volvió internacional.

En el versículo 14, Pablo vuelve a lo que dijo en el versículo 1. Ofrece una oración por sus lectores (y nosotros). Ora por poder: poder que procede de sus gloriosas riquezas.

Los versículos 20 y 21 cierran la sección doctrinal con una gloriosa bendición. En el capítulo 4, los pensamientos de Pablo se vuelven más prácticos y más específicos. Una de sus mayores preocupaciones en todo su ministerio ha sido la unidad de la Iglesia. Con la ayuda de Dios, Pablo evitó que la Iglesia se dividiera durante parte de sus días más turbulentos. Pablo destaca la unidad en todas las cosas espirituales: "un solo cuerpo y un solo Espíritu… un solo Señor, una sola fe, un solo bautismo, un solo Dios y Padre de Todos" (vv. 4-6).

Esta unidad, sin embargo, es diversidad, especialmente en tareas u oficios. En los versículos 11-12, Pablo enlista algunos de estos oficios. Pero todos tienen un trabajo: "capacitar al pueblo de Dios para la obra de servicio" (v. 12).

En 4:17-22, Pablo habla de quitarse "el ropaje de la vieja naturaleza" (v. 22) y ponerse "el ropaje de la nueva naturaleza" (v. 24). Así como él describe los "actos de naturaleza pecaminosa" y los "frutos del Espíritu" en Gálatas 5, aquí Pablo está describiendo la vida antes y después del encuentro redentor con Cristo.

CONÉCTATE CON LA PALABRA

Amar a los que no tienen amor

En esta actividad un joven estudiante de intercambio del Medio Este escribe a su casa acerca de su confusión con la gran abundancia de iglesias cristianas en los Estados Unidos. Lea esta carta en voz alta a sus estudiantes o pídale a uno de ellos que se prepare con tiempo para leerla.

Luego pregúntele a su clase las dos preguntas escritas después de la carta. Deje que sus respuestas le sirvan de guía para dirigir el resto del estudio.

Diga, Abdul es un estudiante de 17 años que viene de intercambio desde el Medio Este. Ha estado en Estados Unidos seis meses aprendiendo el idioma, adaptándose a la comida, estudiando la cultura. Siendo musulmán, una de las cosas más difíciles para él ha sido la cultura religiosa.

Se le había enseñado, desde luego, que Estados Unidos es principalmente una nación cristiana, con grupos minoritarios de otras creencias religiosas, incluyendo la suya. Pero algo sobre esto lo ha inquietado. Entrometámonos un poquito y leamos una sección de una de sus cartas a casa:

Una de las cosas que me confunden aquí es su religión. Me enseñaron en la escuela que la mayoría de los estadounidenses son cristianos. Es cierto, creo. Pero es muy confuso. Algunos son cristianos bautistas, otros son cristianos episcopales, otros son cristianos presbiterianos, algunos son cristianos católico romanos, unos son nazarenos, y la lista sigue. Debe haber al menos cien tipos diferentes de cristianos. Y parece que no se llevan muy bien entre ellos

Cada grupo tiene edificios diferentes, diferentes estilos de adoración, diferentes himnarios, y hasta diferentes creencias (aún cuando todos dicen ser cristianos). Y esa es otra cosa curiosa. Todos dicen ser cristianos, y aún así muchos de ellos dicen que los otros no son verdaderamente cristianos. Si no son cristianos, ¿qué son? ¡Este es un país muy complicado!

• ¿Cómo le explicarías esto a Abdul?

• ¿Crees que tener diferentes denominaciones y grupos es la forma en que Dios quiere que hagamos las cosas?

No busque las "respuestas correctas" todavía. Usted también tratará con este tema en las dos siguientes actividades.

EXPLORA LA PALABRA
1. Es un misterio (3:2-13)

[Nota: Dejar pendiente el versículo 1, por ahora.]

En esta sección Pablo habla de un "misterio". Lo que él quiere decir es una verdad que no se había conocido anteriormente. La revelación y la explicación de este "misterio" fue el regalo más grande de Pablo a la Iglesia.

Pida a un voluntario que lea estos versículos en voz alta y luego respondan las siguientes preguntas:

1. ¿Cuál es el misterio?

2. Pablo nos dice que este misterio "no fue dado a conocer a las personas en otras generaciones". ¿Por qué crees que fue así?

3. ¿Qué beneficios tenemos debido a que Pablo fue fiel al revelar este misterio (v. 12)?

2. Una oración por los Efesios y por nosotros (3:1, 14-21)

¿Alguna vez has comenzado a decir una cosa, y luego terminas diciendo algo totalmente diferente? Pablo hace esto con frecuencia. Aquí está un buen ejemplo. El capítulo 3 comienza diciendo: "Por esta razón, Pablo, el prisionero de Cristo Jesús por el bien de vosotros los gentiles", y luego, ¡simplemente se va hacia otro pensamiento sin completar lo que iba a decir! Doce versos más tarde, Pablo retoma su pensamiento de nuevo, "Por esta causa doblo mis rodillas..." (V. 14).

En esta sección Pablo ora por los lectores de su carta, que -no lo olvides- ¡nos incluye a nosotros!

Pida a alguien que lea esta oración y, a continuación respondan a estas preguntas:

1. ¿Cuál es "esta razón" (vv. 1 y 14) que "obliga" a Pablo a orar por sus lectores? (Sugerencia: Volvamos a lo que dijo antes del capítulo 3.)

2. Pablo ora dos veces para que sus lectores tengan poder (vv. 16-19). ¿Cuál es el propósito de este poder?

3. Los dos últimos versos son una doxología, una bendición. Su pastor puede incluso utilizar estos versos de vez en cuando para poner concluir el servicio de la iglesia. La primera mitad del versículo 20 es muy importante. Pónganlo en sus propias palabras?

3. El Cuerpo de Cristo (4:1-16)

Esta sección es una de las secciones más importantes para la iglesia, porque dice mucho acerca de lo que la iglesia debe ser - y lo que debemos hacer para que sea de esa manera.

Lean esta sección y, a continuación respondan a estas preguntas:

1. El versículo 3 está la clave de toda esta sección. ¿Qué les insta Pablo a sus lectores a hacer?

2. En el versículo 11 Pablo enumera algunos de los ministerios de la iglesia, explicando en los versículos 12 y 13 lo que estos hombres y mujeres tienen que hacer. ¿Cuál es su tarea principal?

3. Noten que en los versículos 14-16, Pablo usa la metáfora del cuerpo de un niño que va creciendo hacia la madurez. ¿Por qué creen que es un buen ejemplo de la vida cristiana?

4. Lean la última frase del versículo 16 con el versículo 2. ¿Cuál es nuestro trabajo en todo esto?

4. Vestidos de la nueva vida (4:17-32)

La clave de esta sección se puede encontrar en dos frases:

• "Quítense el ropaje de la vieja naturaleza" (v. 22)

• "Ponerse el ropaje de la nueva naturaleza" (v.24)

Es como si Pablo nos dice que cambiemos nuestros trapos viejos para un conjunto de ropa nueva.

Lean esta sección y luego respondan a estas preguntas:

1. Pablo nos da muchas características acerca de la "vieja naturaleza", en estos versículos. Haz una lista de esas características.

2. Pablo también nos da los atributos de la "nueva naturaleza". Lista esos atributos.

3. ¿Existe alguna característica de la "vieja naturaleza" que aún estés vistiendo?

EXPERIMENTA LA PALABRA

Floreciendo donde seamos plantados
Ninguno de nosotros, desde luego, puede lograr la unidad global o siquiera la unidad nacional. Pero podemos trabajar donde estamos, en nues-

tras congregaciones locales, para lograr la unidad entre los que nos rodean. Pida a sus estudiantes leer 4:2-3. Esta es la sugerencia de Pablo para lograr la unidad: humildad, amabilidad, paciencia y amor.

Pida a sus estudiantes pensar en alguien que conozcan que demuestre estos rasgos. Luego póngalos a discutir algunas cosas específicas que esta gente hace para demostrar estos rasgos. Pregunte: ¿Cómo pueden estos rasgos, especialmente cuando son practicados por todos, ayudar a crear unidad en la iglesia? Concluya con una oración reflexionando en Cristo, quien es el modelo de la humildad, amabilidad, paciencia y amor

6 SER IMITADORES
DE DIOS

PASAJE BÍBLICO: Efesios 5:1– 6:24

VERSÍCULO CLAVE: "Por tanto, imiten a Dios, como hijos muy amados, y lleven una vida de amor, así como Cristo nos amó y se entregó por nosotros como ofrenda y sacrificio fragante para Dios" (Efesios 5:1-2).

OBJETIVOS DE ENSEÑANZA

Ayudar a los estudiantes a:

1. Reconocer que los sacrificios inherentes a la vida cristiana son motivados por el amor y por el ejemplo de Dios, no por compulsión o por mandato de Dios.

2. Tener el deseo de mostrar el amor de Dios a través de sus propias vidas de sacrificio.

3. Buscar formas para expresar el amor de Dios

PERSPECTIVA

Cualquiera que sostenga que la vida cristiana es fácil probablemente no la esté viviendo de verdad. Es una vida de disciplina y sacrificio. Si estos componentes ostensiblemente negativos de la vida cristiana son vistos como mandatos, o como formas de evitar el castigo, o como respuestas a la culpa, entonces la vida cristiana se vuelve pesada y molesta... como de hecho lo es para muchos jóvenes.

Pero si la disciplina y el sacrificio son vistos como actos de amor, aceptados libremente como respuesta al ejemplo de Dios, entonces la vida cristiana se vuelve gozosa y satisfactoria.

Esta lección lucha por desafiar a sus jóvenes con el llamado a una vida discipulada de amor.

ANTECEDENTE BÍBLICO

¡Que nadie diga que entender la mente del apóstol Pablo es asunto fácil! Justo cuando pensamos que ya lo tenemos, él levanta otra capa de entendimiento y se nos escapa.

Al leer Gálatas y Efesios (así como sus otros libros) una magnífica verdad sobresale en letras mayúsculas y en negritas: ¡SOMOS JUSTIFICADOS POR FE, NO POR OBRAS! ¡Ahí lo tiene! Ahora tenemos el pensamiento paulino en la mano. Él está en contra de las reglas, las leyes y las restricciones. Se regocija en la libertad, la gracia y la promesa.

Pero justo cuando empezamos a sentirnos confiados en nuestro entendimiento, el escurridizo apóstol lanza una lista de "haz esto" y "no hagas aquello", un catálogo de pecados, o una descripción de una lista de un estilo de vida propia tan específica como los más legalistas y conservadores pudieran desear. ¿Qué está pasando? ¿Es Pablo un legalista de closet? ¿Es un teólogo esquizofrénico?

No, simplemente es profundo. Es un poco más complicado de leer que los románticos de la época gótica tardía. Y entenderlo conlleva un poco más de trabajo que entender las telenovelas más exitosas del momento.

En los capítulos que estamos estudiando en esta lección, Pablo es muy específico, muy práctico, y sencillo. Al hacer esto, puede parecer que también se pone muy legalista. Nuestro reto es explorar estos capítulos sin tomarlos fuera de su contexto, sin violar los principios básicos filosóficos y teológicos que Pablo ha intentado establecer en Gálatas y Efesios. No es tarea fácil.

Nos ayudará si primero hojeamos estos capítulos y buscamos "banderines" de pensamiento teológico o temático que Pablo nos dé cómo guías. (Piense que éstos fueran como banderines señalando los hoyos de un campo de golf). Identificar estos banderines nos ayudará a entender el material intermedio.

Por razones de orden, enlistemos algunos de estos banderines:

• "Imiten a Dios" (5:1).

• "Lleven una vida de amor" (5:2).

• "Vivan como hijos de luz" (5:8).

• "Tengan cuidado de su manera de vivir- no como necios sino como sabios" (5:15).

• "Sométanse unos a otros por reverencia a Cristo" (5:21).

Cada una de estas declaraciones es positiva, alentadora y desafiante. En ninguna parte hay una indirecta de coerción, amenaza o demanda. Pablo defiende la vida cristiana como un ideal, una meta, un sueño.

Este es el mismo acercamiento que el presidente John Kennedy usaba para desafiar a la juventud en los primeros años de los 60 para dar sus vidas en sacrificio al "Camelot" que él soñaba y ayudarles a tener la misma visión al acudir en masa para inscribirse en los Cuerpos de Paz. Este es el acercamiento que la milicia de los Estados Unidos ha usado con éxito para desafiar a los jóvenes para ofrecerse en servicio voluntario por su país desde que los reclutamientos fueron descontinuados tras el conflicto de Vietnam. La inspiración siempre ha atraído a más seguidores que la culpa.

Cualquier buen vendedor, reclutador, o visionario sabe que cuando una audiencia es atrapada en la emoción del desafío, la primera pregunta que hará es "¿Qué hago?" Y no se lo plantea como una pregunta retórica o filosófica. Lo que quiere decir es: "¿Qué hago?" específica, observablemente, ahora mismo.

El material en estos capítulos es realmente una respuesta a esta pregunta. Pablo no da una lista de lo que hay que hacer y lo que no. No pone reglas y leyes. Da ejemplos de formas específicas para que aquellos que desean responder el llamado de amor y sacrificio puedan exhibir su devoción.

Una última cosa para recordar, viendo las especificaciones que Pablo da en estos capítulos, es que él está hablando a los redimidos, a aquellos que ya han respondido al llamado de la gracia. Así como un entrenador universitario de básquetbol no intentaría forzar a todo el cuerpo estudiantil a seguir sus reglas, así no es sabio intentar forzar estas especificaciones en aquellos que no han respondido todavía al llamado del discipulado. Ciertamente los buenos hábitos para comer y dormir serían buenos para todo el cuerpo estudiantil, pero a menos que fueran aceptados como parte del emocionante y satisfactorio reto de estar en un equipo, estas reglas serían una carga para la mayoría de los estudiantes. De igual forma, los sacrificios y disciplina de la vida cristiana se ven muy poco apetitosos para la mayoría de los no cristianos (especialmente, parece, para los jóvenes en la iglesia). Debemos ser cuidadosos, pues, para no forzar nuestras "reglas de entrenamiento" en otros.

CONÉCTATE CON LA PALABRA

Reglas de entrenamiento

En el pueblo de Paso al Sur hay dos escuelas secundarias, la Secundaria Central y la Secundaria Hidalgo. Ambas tienen equipos de fútbol.

En la Secundaria Central casi todos los alumnos de segundo año aspiran estar en el equipo de fútbol. El primer día de entrenamiento es una casa de locos, todos tratan de sobresalir. Le lleva al entrenador Máximo Olivas varias semanas para cortar el equipo a un tamaño manejable. El día que salen las listas, hay muchos desilusionados.

Sin embargo en la Secundaria Hidalgo, el entrenador Severino Franco tiene muchos problemas tratando de que alguien entre al equipo. Tiene que rogar, amenazar y aún sobornar a los muchachos para que jueguen fútbol. Cada año hay dudas sobre si tendrá suficientes atletas para jugar su primer partido.

Alan Roque, el locutor de la estación local de radio está entrevistando a los dos entrenadores antes de la temporada de fútbol, preguntándoles acerca de sus técnicas. Escuchemos.

ALAN: Entrenador Máximo, ¿cómo consigue que tantos jóvenes se prueben en el equipo?

ENTRENADOR MÁXIMO: En realidad no lo sé, Alan. En la sesión de orientación para los de segundo año sólo les digo cómo es ser parte de un equipo ganador. Tú sabes, cómo se siente el tener compañeros de equipo que te quieran y que harían cualquier cosa por ti. La seguridad de pertenecer a un grupo. La sensación de logro cuando has realizado tu mejor esfuerzo. Les hablo de levantar la cabeza con orgullo porque pertenecen a una de las más grandes organizaciones en el mundo. Les hablo de algunos de los ex jugadores que se han convertido no sólo en atletas modelo sino también en líderes cívicos y de negocios. Y les describo el increíble sentimiento de la historia y recompensa cuando han vencido los obstáculos.

ALAN: Sé por algunos de sus jugadores que usted les ayuda a sus muchachos con más que sólo fútbol. Dicen que usted haría cualquier cosa por ellos. He escuchado de cómo usted les ha dado parte de sus fines de semana, después de la temporada de fútbol, para llevar a sus muchachos a cazar o ayudarles con sus estudios. Algunos de sus ex jugadores dicen que usted cambió sus vidas. Sus jugadores de verdad que lo idolatran, entrenador.

ENTRENADOR MÁXIMO: Bueno, de verdad que quiero a mis jugadores. Son como hijos para mí. Tal vez por eso trabajan tan duro para mí.

ALAN: Bueno, ahora traigamos al entrenador Severino a esta conversación. ¿Qué hay de usted, entrenador? ¿Cómo les habla en la orientación de segundo año?

ENTRENADOR SEVERINO: Bueno, yo quiero asegurarme de que esos muchachos que están pensando en el fútbol sepan en lo que se están metiendo. Les hablo acerca de las reglas de entrenamiento: a la cama cada noche antes de las 10:00, mucha leche y vegetales, nada de comida chatarra. Les hablo de cómo van a tener que ceder parte de sus actividades sociales para es-

43

tar en el equipo. Cómo van a extrañar sentarse con la familia a la mesa para cenar. Cómo van a tener que rodar para salir de la cama al salir el alba para los ejercicios antes de empezar clases. Les advierto acerca del dolor y las lesiones que un jugador de fútbol sufre. ¡Les dejo saber que jugar fútbol significa hacer muchos sacrificios! Y no gasto mi tiempo dejando a esos gusanos pensar que porque están en mi equipo son algo especial para mí. ¡Son sólo pedazos de carne que debo cortar!

ALAN: ¿Y qué de los que no quieren estar en su equipo?

ENTRENADOR SEVERINO: ¡Esos cobardes que no se prueban en el equipo deberían avergonzarse, y se los digo! Le deben a su escuela el jugar fútbol. Son gallinas y florcitas si no juegan. Y en verdad no aprecian todo nuestro arduo trabajo si no nos apoyan siguiendo nuestras reglas de entrenamiento.

ALAN: Entrenador Severino, ¿tiene usted reglas de entrenamiento?

ENTRENADOR SEVERINO: Seguro pero hablamos de las reglas sólo después de que los muchachos han capturado la visión de ser un jugador de equipo y un ganador. Una vez que eso sucede, no les importa cuánto cueste, ellos quieren probar el sabor de la victoria y el orgullo. Están dispuestos a hacer sacrificios por el bien de sus compañeros y ellos mismos. Cuando vean la meta pagarán el precio.

ALAN: ¿Alguna vez ha sugerido que la gente que no apoye al equipo deba sentirse culpable o que deba seguir sus reglas sólo porque son buenas para ellos?

ENTRENADOR SEVERINO: Oh cielos, no. ¿Cuál sería el punto? Esas reglas de entrenami-

ento son para atletas, no para otros. De seguro que las reglas serían buenas para los otros pero, ¿quién quiere seguir reglas como esas cuando no se es parte del equipo? ¿Por qué ser tan disciplinado cuando no se puede participar de la victoria?

ALAN: Bueno, creo que eso lo resume todo. Bueno, dejamos a nuestros oyentes que decidan por qué tantos muchachos quieren jugar para el equipo de la Secundaria Central del Entrenador Máximo y tan pocos para el equipo de la Secundaria Hidalgo del Entrenador Severino.

• ¿Alguna pista de por qué el entrenados Máximo recluta a más jugadores que el entrenador Severino?

• ¿Está siendo el entrenador Severino deshonesto con sus jugadores?

• ¿Está siendo el entrenador Máximo deshonesto con sus jugadores?

• ¿En qué equipo te gustaría jugar? ¿Las reglas de quién preferirías seguir? ¿Por qué??

EXPLORA LA PALABRA

1. Obscuridad Vs. Luz (5:1-20)

Siempre es difícil cuando nos encontramos con un pasaje que tiene una lista de hacer y no hacer en ella -sobre todo al leer las cartas de Pablo. Él hace una llamada de atención fuerte, en todos sus escritos, contra el legalismo, que no sería justo que se considerara este pasaje como una lista de reglas. Pero, ¿de qué otra manera podemos tratarlo? ¡Sólo que lo ignoráramos por completo! Vamos a leer estos versículos y averiguarlo.

Después de leer esta sección juntos, como clase, respondan a estas preguntas:

1. Lean los versículos 1, 2, 8, 15 y 16 juntos. Tal vez estos versos proporcionen un marco o visión general de todo lo demás en esta sección. Si es así, ¿qué nos dicen estos versículos?

2. Ahora lean los versículos 9-14 y 17, en su conjunto. Estos versículos proporcionan un marco secundario. ¿Qué nos dicen estos versículos?

3. El primer grupo de versos nos provee el marco filosófico de Pablo: Él quiere que vivamos la vida santa, llena de amor, luz y sabiduría. El segundo grupo nos da el marco secundario de Pablo: La mejor forma de servir a Dios es mediante la comprensión de su voluntad. En este contexto, ¿cómo debemos leer la lista en los versículos 3-7 y 18-20? ¿Deben ser leídos como una lista de reglas y leyes, o como una lista de ejemplos? ¿Cuál es la diferencia?

4. Ahora que tenemos una mejor comprensión de lo que Pablo quería decir acerca del uso de esta lista, vamos a mirarla. Lean los versículos 3-7 y 18-20. No pase por alto el hecho de que Pablo identifica tanto a las actividades positivas de hacer, como las actividades negativas que deben evitarse. ¿En qué áreas de esta lista necesitas trabajar?

2. Sumisión en el matrimonio (5:21-33)

Si Pablo tuviera alguna idea de cuántos problemas los versos siguientes iban a causar en los siglos siguientes al que fueron escritos -¡probablemente los habría escrito de cualquier manera! Pero tal vez hubiera cambiado el orden un poco para hacer las cosas más claras. Estos son versos peligrosos, así que lean atentamente. Luego, contesten las siguientes preguntas:

1. El versículo 21 es el versículo clave para esta

sección y los pasajes siguientes. Proporciona el fundamento de todo lo que sigue. ¿Puedes escribir, con tus propias palabras, el principio que está en este verso?

2. Con demasiada frecuencia, en el pasado, los versículos 22-24 han sido leídos sin que se hayan leído los versos 25-33. Para evitar que esto ocurra, vamos a leer el último pasaje primero. En los versos 25b-27, Pablo habla de lo que Cristo ha hecho por la iglesia. Resuman estos versos en una sola declaración.

3. En los versos 28-29a, Pablo pone algunas instrucciones muy pesadas para los maridos. Resuman lo que Pablo dice.

4. Ahora, echemos un vistazo a los versículos 22-24. Debido a que los esposos cristianos aman a sus mujeres tanto como ellos se aman y, puesto que estarían dispuestos a dar su vida por ellas, ¿cómo deben responder las esposas?

5. Ahora, lean los versículos 21, 31 y 33. Manteniendo estos tres versos en mente, escriban una declaración para resumir toda esta sección.

3. Sumisión en otras relaciones (6:1-9)

Un momento – ¡puede que no le guste esta sección! Continuando con el mismo tema que se presentó en 5:21 ("Someteos unos a otros en el temor de Cristo"), Pablo se mueve hacia los hijos y los padres. Lean los cuatro primeros versos de esta sección y luego respondan a estas preguntas:

1. Una vez más, versículos 1-3 se leen a menudo sin leer el versículo 4. Comenzando con el versículo 4, ¿cuáles son las instrucciones de Pablo para los padres?

2. Ahora, leyendo los versículos 1-3, ¿cuáles son las instrucciones de Pablo para los hijos?

3. Recuerden que estos versos deben ser leídos con el verso tema, 5:21. ¿Afectó tu comprensión de estos versos, el haber comprendido previamente el significa del tema general?

Ahora, lean el resto de esta sección, versículos 5-9. Pablo está hablando acerca de los esclavos y los amos, una relación de trato que, oficialmente, ya no está (a menos que ustedes piensen que es una descripción bastante buena de su relación con su hermana mayor). Pero eso no significa que debamos pasar por alto esta sección. Si sustituimos "estudiantes" o "empleados" cada vez que leamos esclavos, y "maestros" o "empleadores" cada vez que leamos amos, es posible que este pasaje sea extremadamente relevante.

4. La armadura de Dios (6:10-24)

Pablo habla con frecuencia acerca de la batalla entre el bien y el mal, entre la carne y la vida en el Espíritu, entre la oscuridad y la luz. En estos versículos, nos dice cómo podemos estar preparados para librar esta batalla, equipados con un equipo incluso mejor que cualquier armamento de punta que se utiliza en todo el mundo el día de hoy.

Pida a alguien leer estos versículos en voz alta y luego respondan a las siguientes preguntas:

1. Versículos 10-13 y explica la metáfora de Pablo acerca de la guerra espiritual. ¿Cómo pondrías esto en tus propias palabras?

2. En los versículos 14-17, el apóstol enumera los elementos específicos de los equipos usados por el soldado espiritual bien aprovisionado. Lean cada una de estas frases con detenimiento, meditando sobre cada elemento de la "armadura". ¿Está tu equipo de combate en orden? ¿En cuál de estos elementos necesitas trabajar un poco?

3. En el versículo 18, Pablo menciona el elemento más importante de esta armadura, el que hace que todos los demás funcionen. ¿Cuál es?

EXPERIMENTA LA PALABRA

Una vida de amor

Como siempre, los momentos finales de su clase son importantes. Durante la sesión, mire y escuche cuidadosamente cuando sus jóvenes trabajen en las actividades. Sea sensible a ellos y al Espíritu Santo, quien le ayudará a discernir qué porciones de las escrituras de hoy han sido más efectivas.

Diga, En los pasajes que hemos leído hoy, Pablo nos ha dado mucho en qué pensar. Ha puesto ante nosotros el ejemplo de Cristo. Ha hablado acerca de vivir una "vida de amor" (5:2). Ha hablado acerca de algunos comportamientos y actitudes específicas. Nos ha animado a "someternos" unos a otros (incluyendo nuestros padres, maestros y jefes.

¿Ha tocado Pablo alguna de tus fibras interiores el día de hoy? ¿Has sentido que Pablo te ha estado hablando directamente? ¿Hay alguna área que sientas que necesitas entregar a Dios antes de que pase esta oportunidad? Concluya la sesión enfatizando el concepto (o conceptos) que sienta han sido más significativos para su clase.

7 EL VIVIR
ES CRISTO

PASAJE BÍBLICO: Filipenses 1:1-30

VERSÍCULO CLAVE: "Porque para mí el vivir es Cristo y el morir es ganancia" (Filipenses 1:21).

OBJETIVOS DE ENSEÑANZA

Ayudar a los estudiantes a:

1. Darse cuenta que el significado de la vida viene de valores espirituales y no de posesiones materiales.

2. Valorar las cualidades espirituales que le dan significado a la vida.

3. Comprometerse a servir con sus vidas a Jesucristo

PERSPECTIVA

¿Qué le da sentido a la vida? ¿Educación? ¿Amor? ¿Dinero? ¿Éxito? ¿Sin qué la vida perdería sentido?

Pablo no tenía problemas contestando esa pregunta. Para él, Cristo era el sentido de la vida (tanto que anhelaba la muerte) no para escapar de vivir sino para experimentar más de Cristo.

En un mundo de valores en conflicto, sus jóvenes están buscando algo que les provea un centro a sus vidas. Están buscando esa clave que les dé significado. Esta lección ayuda a entender que la única clave que funciona es una relación con Jesucristo.

ANTECEDENTE BÍBLICO

En cada una de las cartas de Pablo encontramos joyas de verdad y confort que hablan de forma distintiva y significativa a los creyentes. Ciertamente esto es cierto de los Filipenses. Filipenses, un libro corto de sólo cuatro capítulos, revela algo del corazón del gran apóstol. Incluye algunos de sus más cálidos y más inspirados pasajes.

Pablo visitó Filipos por primera vez durante su segundo viaje misionero (ver Hechos 16:6-40). Allí fundó la primera iglesia cristiana registrada en Europa. Allí pasó una de sus muchas noches en una cárcel romana. Y allí ocurrió uno de sus más famosos escapes (o liberaciones).

Como con el libro de Efesios, Pablo escribe esta carta desde una prisión romana. Puede ser la misma prisión en Roma donde escribió Efesios, o puede ser alguna otra prisión previa. En realidad no importa. Pero sí importa que mantengamos constantemente presente su estatus al leer esta carta. Algo de lo que dice tiene sentido sólo si recordamos que está en la cárcel. Por otro lado, algo de lo que dice es casi increíble, considerando su entorno.

En los primeros versículos del capítulo uno, Pablo revela una calidez y amor para los receptores de esta carta que tal vez sobrepase a lo mostrado en las otras. Es obvio que Pablo amaba a los filipenses. Su oración por ellos, registrada en los versículos 9-11, es bellísima.

En 1:12-18 empezamos a ver la actitud del apóstol hacia el encarcelamiento. Es muy claro que él cree que Dios tiene un propósito para sus penas. Aún en la cárcel, la vida de trabajo de Pablo como misionero y evangelista continúa.

Como muchos hombres lo han hecho en prisión, Pablo aparentemente reflexionó sobre la posibilidad de su muerte, siempre una posibilidad muy real en una prisión romana. El resultado de su reflexión, versículos 19-26, provee algunas de las palabras más desafiantes en la Biblia. En el versículo 21 Pablo dice, "Porque para mí el vivir es Cristo y el morir es ganancia". Esto puede ser un poco enigmático para los jóvenes que no estén familiarizados con los escritos de Pablo. Pero para aquellos que entienden a Pablo es muy claro que para el apóstol tanto la vida como la muerte ganaban sentido por su relación con Cristo.

Con frecuencia se ha dicho que vemos la vida más claramente conforme nos aproximamos a nuestra muerte. Muchas personas que han sobrevivido experiencias cercanas a la muerte pasan por un cambio completo de valores. Hay algo acerca de la muerte que nos da una perspectiva de la vida que no podemos tener mientras estamos en medio de ella.

Los siguientes tres versículos expanden esta idea. Estos versículos nos muestran que Pablo no teme la muerte (de hecho la desea). Pero esta no es la carta de un suicida o deprimido que busca un escape. Es el escrito de un hombre convencido de que la muerte lo lleva a una rica recompensa y compañerismo. Sin embargo, como él dice, permanecer vivo es probablemente más útil para los filipenses. Y Pablo desea permanecer vivo para continuar sirviendo a Cristo y a los primeros creyentes.

Pablo concluye su primer capítulo con una observación para los filipenses, los alienta a permanecer firmes frente al problema y la oposición. Los filipenses sin duda enfrentaban algunas de las mismas falsas enseñanzas de los judaizantes que los gálatas. Y, desde luego, enfrentaban constante persecución de los no creyentes.

CONÉCTATE CON LA PALABRA

Vivo para...

Inicie el estudio preguntando a sus estudiantes, "¿Por qué razón o para qué vives?" Pregúnteles cómo terminarían esta oración, "Vivo para…". Probablemente querrá leer en voz alta las siguientes respuestas para animarles empezar.

• ¡Vivo para las vacaciones de la escuela!

• ¡Vivo para el día cuando cumpla 18 y pueda salirme de la casa!

• ¡Vivo para el día en que ese muchacho guapo de la escuela me invite a salir!

• ¡Vivo para el día de mi graduación!

• ¡Vivo por mi carro nuevo!

Luego pregunte: ¿Y tú? ¿Para qué o por qué vives? Completa la oración, "Yo vivo por/para…"

Mientras responden, escriba en una lista sus respuestas en el pizarrón o usando el proyector.

Esta actividad está diseñada para ayudarles a enfocar su atención en los valores, en lo que realmente les importa. Hágalo divertido, sin retarlos o corregir sus respuestas. No sobre-espiritualice la idea en este punto de la lección.

EXPLORA LA PALABRA

1. Una carta de amor (1:1-11)

Sería difícil leer esta breve carta, sin reconocer el verdadero afecto que el apóstol Pablo debió haber tenido para los cristianos de Filipos. ¡Esto es evidente en cada verso!

Pídale a alguien que lea los primeros 11 versos y, a continuación respondan a estas preguntas:

1. Pablo guió a la gente hacia una relación con Cristo y fundó la primera iglesia cristiana en Filipos, durante su segundo viaje misionero, descrito en Hechos 16:6-40. Lea este pasaje y resuma la acción principal en una o dos frases.

2. ¿Qué piensas que Pablo dice en el versículo 6?

3. Lea con cuidado los versículos 9-11, haciendo una pausa después de cada frase para que su significado esté bien empapado. ¿De qué te habla en estos versículos?

2. Alegría incluso en la cárcel (1:12-18)

Cuando estudiamos el libro de Efesios, nos damos cuenta de que Pablo escribió estando en la cárcel, probablemente en Roma (Hechos 28:16). Esta carta también fue escrita desde la cárcel.

Que alguien lea estos versículos en voz alta y luego respondan a las siguientes preguntas:

1. ¿Qué quiere decir Pablo con "lo que me ha pasado" (v. 12)? Lean 2 Corintios 6:4-5 y 11:23 b-27 para obtener algunas pistas.

2. Todo lo que "le pasó" a Pablo fue, ante sus ojos, para un propósito. ¿Cuál es ese propósito?

3. ¿Cuál fue el resultado del encarcelamiento de Pablo?

4. Talvez algunos de los amigos de Pablo estaban tratando que el apóstol sintiera lástima de sí mismo, señalando que otros predicadores, unos con motivaciones menos que puras, estaban libres, mientras él se encontraba en prisión. ¿Cómo respondió Pablo a esto (vv. 15-18)?

5. A pesar de todos sus trabajos, ¿cuál es la actitud emocional de Pablo (v. 18)?

3. Vida o muerte (1:19-26)

Para cualquier preso en una cárcel romana del primer siglo, la muerte era un pensamiento constante. Los romanos eran crueles, y algunas veces el castigo llegaba sin previo aviso. Otros prisioneros podrían ser violentos. A menudo, las condiciones físicas le daban la bienvenida a la muerte. Y, por supuesto, la prisión le dio a un hombre de la edad y experiencia de Pablo, tiempo para reflexionar sobre su vida y su obra.

Pídale a su clase leer estos versos, y luego responder a estas preguntas:

1. En el versículo 20, Pablo nos da idea de la meta de su vida. ¿Cuál es esta?

2. El versículo 21 es breve y desconcertante. Pero es un versículo importante. Léalo varias veces hasta que crea entender lo que Pablo dice. ¿Pueden poner esta idea en sus propias palabras?

3. ¿Qué dos deseos contrasta Pablo, en los versículos 23-24?

4. ¡Mantenerse en mantenerse! (1:27-30)

Después de concluir que Dios probablemente le permitirá vivir con el fin de ser más útil a los Filipenses, el apóstol da algunos consejos personales a los creyentes allí.

Pida a alguien que lea estos versículos en voz alta y luego respondan las siguientes preguntas:

1. Piense en su estudio de Gálatas y los problemas en Galacia, que Pablo aborda en esa carta. ¿Cómo nos ayuda eso a entender los versículos 27-28?

2. En el versículo 29 Pablo casi hace que el sufrimiento parezca como un regalo. ¿Qué crees que él quiso decir?

EXPERIMENTA LA PALABRA

"... el morir es ganancia"

Sería muy fácil dejar que esta lección se deteriorara en un nocivo tipo de llamamiento evangelístico de "conviértete o muérete", dada su obvia preocupación con la muerte. Usted debe, a toda costa, evitar que esto suceda. El enfoque en la muerte no debe ser usado para asustar o amenazar. La pregunta no es "¿dónde pasarás la eternidad?" Por el contrario, el enfoque en la muerte debe usarse para ayudar a clarificar los valores.

Aquí, la pregunta es, "¿Qué cosas tienen tanto valor que sobrevivirían a la muerte? ¿Qué cosas tienen tanto valor que hacen que la vida valga la pena ser vivida?"

Obviamente, para Pablo la única respuesta es "Cristo". Sólo la vida vivida en y para Cristo vale la pena. Sólo una relación con Cristo sobrevivirá a la muerte.

Concluya esta lección con ese enfoque cuidadosamente controlado, tratando seria pero no mórbidamente con la idea de la muerte. Capture las mentes de sus estudiantes pero no explote sus temores. Aliéntelos a examinar sus propias estructuras de valores a la luz de esta lección.

La muerte es un concepto sobre el que no nos gusta pensar, especialmente cuando somos jóvenes. Pero no podemos evitarlo. Está en los periódicos, televisión, radio. Probablemente has experimentado la muerte de un ser amado. ¿Es la muerte algo que debemos temer? ¿Evitar a toda costa? ¿Es morir el "gran misterio"? La respuesta a esa pregunta depende en gran manera de cómo estés viviendo.

Pablo dijo, "Porque para mí el vivir es Cristo y el morir es ganancia".

Cuando morimos, perdemos todo--posesiones,

amigos, trabajos, sueños. Lo perdemos todo, excepto una cosa: nuestra relación con Jesucristo.
Esa es la única cosa de la que podemos tener más después de la muerte. Es la única cosa que le da
sentido tanto a la vida como a la muerte.

¿Cómo es tu relación con Cristo? ¿Le da sentido a tu vida?

Si lo siente bien, y si el espíritu de la clase es apropiado, concluya con un llamado evangelístico,
invitando a sus estudiantes a experimentar el único valor, la única relación, que le da sentido
tanto a la vida como a la muerte.

8 LA ACTITUD
DE CRISTO

PASAJE BÍBLICO: Filipenses 2:1-30

VERSÍCULO CLAVE: "La actitud de ustedes debe ser como la de Cristo Jesús" (Filipenses 2:5).

OBJETIVOS DE ENSEÑANZA

Ayudar a los estudiantes a:

1. Ver en Cristo al ejemplo perfecto de auto-sacrificio.

2. Desear imitar el ejemplo de Cristo.

3. Buscar actitudes y acciones egoístas que aún estén en sus vidas.

PERSPECTIVA

En los años 70 los estantes de las librerías estaban llenos de libros titulados Buscando al número uno, Ganar a través de la intimidación, y Moviendo tus propios hilos. La década recibió el apropiado sobrenombre de "La década del 'Yo'". Lo extraño es que los 70 no eran particularmente diferentes de los 60 o los 50, o en todo caso, los 80 y 90. En cualquier década, la mayoría de la gente está, de hecho, "Buscando al número uno".

Muchas de las características emocionales y psicológicas de los adolescentes los vuelven naturalmente egoístas. Durante este periodo de intensa formación de identidad e incrementada independencia de las figuras de autoridad, los adolescentes con mucha frecuencia se enfocan en sí mismos. El llamado de Cristo, sin embargo, es hacia el auto-sacrificio y humildad. Esta lección intentará distinguir entre humildad y baja autoestima, una de las trampas de la adolescencia, y establecer un equilibrio legítimo entre baja autoestima y auto-sacrificio.

ANTECEDENTE BÍBLICO

En todos sus escritos, Pablo se enfoca en pocas preocupaciones centrales: salvación por la fe, el llamado de Dios a los gentiles, y la unidad en la Iglesia. Es este último tema en el que Pablo se enfoca en este capítulo.

En los primeros cuatro versículos, el apóstol hace una llamado muy personal a los filipenses a tener un mismo parecer y estar unidos, si no es por otra razón, al menos para llenarlo de alegría (v. 2). Luego, en el versículo 5, llama su atención hacia Cristo Jesús como el ejemplo de la actitud que les está alentando a adoptar.

Los siguientes seis versículos (vv. 6-11) forman uno de los pasajes más hermosos e inspiradores en todo el Nuevo Testamento. También es uno de los más significativos teológicamente. Si estás leyendo la versión NVI o cualquier otra versión moderna, podrás notar que estos versículos tienen un formato diferente, como un poema. Es porque Pablo, ciertamente, está citando las palabras de un poema, o posiblemente de un himno.

No es raro en nuestra propia escritura recordar las palabras de un poema o himno e incluir algunas de esas palabras para ilustrar un punto. Los predicadores hacen esto frecuentemente en sus sermones.

Este poema o himno que Pablo está citando es probablemente uno ya conocido para los filipenses. Puede haber sido bien conocido en todas las iglesias del primer siglo. Puede haber sido uno que Pablo enseñó a todas las iglesias que fundó en sus viajes misioneros. Lo más probable es que sea una de sus composiciones.

El poema puede ser dividido en dos secciones. La primera, comprende los versículos 6-8, es una de las declaraciones más fuertes de la dualidad humana/divina de Jesucristo en el Nuevo Testamento. Sin dudas o calificaciones, Pablo asevera que Jesucristo era "por naturaleza Dios" e igual a Dios (v. 6). Este verso forma el esqueleto de la doctrina de la Trinidad, que declara que Jesucristo no es un socio con o inferior a Dios sino que es ciertamente Dios.

Esta sección continúa describiendo el sacrificio voluntario de Cristo al tomar la naturaleza de siervo, humillándose a sí mismo hasta el punto de la crucifixión. De nuevo no hay ningún titubeo ni calificación. Jesucristo no simplemente "pareció" ser humano; era humano. Esto, desde luego, es uno de los más grandes misterios de la teología cristiana, que Jesucristo era, al mismo tiempo, tanto completamente Dios como completamente humano.

El balance de este increíble poema es un himno de alabanza a Jesucristo, indicando su posición exaltada en el universo. La frase "Jesucristo es el Señor" en el verso 11 es considerada por muchos como la confesión más antigua de la liturgia de la Iglesia. Esta simple declaración comprende la totalidad de la creencia cristiana. Al hacer esta declaración, los cristianos del primer siglo estaban reconociendo su completa rendición al reinado de Cristo. Esta frase era probablemente usada como confesión bautismal, como elemento litúrgico recitado en voz alta por las congregaciones, y aún como saludo entre cristianos.

Después de este momento de sublime alabanza, Pablo vuelve a poner los pies en la tierra con una instrucción para los filipenses de llevar "a cabo su salvación con temor y temblor" (v. 12). Este parece un lenguaje extraño para el apóstol de la gracia. Es importante entender que el tiempo del verbo es progresivo; acertadamente traducido por la NVI: "lleven a cabo". Compare este con 1:6 en que Pablo habló sobre la naturaleza progresiva de la salvación. Se ha notado que el Nuevo Testamento se refiere a la salvación en varios marcos de tiempo. Fuimos salvados en la acción de Cristo en la cruz. Estamos siendo salvos en el momento presente a través de nuestra creencia en Cristo y nuestra obediencia a Su palabra. Y seremos salvos en el Día del Juicio cuando los justos sean escoltados hacia la recompensa eterna. Es importante entender que "ser salvos" no es como comprar un terreno que, una vez comprado, permanece en posesión del propietario. Más bien, ser salvos es como estar enamorado. Tiene un momento inicial pero es continuado a través de la fidelidad a la relación y madura y cambia con el tiempo.

Pablo continúa con este muy práctico modelo, alentar a los filipenses a hacerlo "todo sin quejas ni contiendas" (v. 14), una orden que muchos de nosotros, incluidos los jóvenes, encontramos difícil de obedecer.

Este capítulo concluye con unas palabras acerca de dos compañeros de Pablo. Al primero, Timoteo, lo conocemos bien, habiendo leído de él frecuentemente en otros pasajes del Nuevo Testamento (ver Hechos 16:1-3; 1 Corintios 4:17; 1 Timoteo 1:2). El segundo, Epafrodito, fue enviado a Pablo por los filipenses para ayudarle durante su encarcelamiento. Sin embargo Epafrodito enfermó gravemente, aunque luego se recuperó. Pablo envía a este valiente ayudante de regreso con los filipenses con su recomendación. (Esta es probablemente la razón más inmediata para escribir esta carta). Estos dos hombres son ejemplos de la actitud tipo Cristo de la que Pablo habla más adelante en este capítulo.

CONÉCTATE CON LA PALABRA

Escoge una actitud

Este ejercicio les pide a sus jóvenes escoger uno de varios pares de actividades que prefieran. Esta es una opción forzada, con sólo dos opciones. No puede haber decisiones intermedias, ni circunstancias extenuantes, ni explicaciones.

Aliente a sus estudiantes a ser honestos y luego déles tiempo para marcar una respuesta en cada par.

Tú preferirías. . .

____ Jugar videojuegos con un amigo o Ayudarle a tu mamá con las compras ____

____ Gastar $160.00 en un CD nuevo o Dar $100.00 de ofrenda ____

____ Ser declarado "El Mejor Estudiante" o Que tu mejor amigo tenga ese honor ____

____ Ir a un juego de fútbol o Cuidar a tu hermano(a) menor ____

____ Pasar dos semanas este verano en un parque de diversiones o Pasar dos semanas este verano ayudando a construir una escuela en un área marginada ____

____ Ver tu programa favorito en TV o Ayudar a un hermano(a) con la tarea ____

____ Ir a un campamento de verano o Enviar a un niño necesitado al campamento ____

____ Escuchar el éxito más reciente en CD o Sacar la basura ____

____ Recibir un súper regalo de cumpleaños o Dar un súper regalo de cumpleaños ____

____ Pasar el sábado de compras en el centro comercial o Pasar el sábado ayudando a pintar la casa de una anciana ____

____ *NÚMERO TOTAL DE MARCAS* ____

Después que hayan terminado deben sumar las marcas en cada columna. Déles esta escala para evaluarse a sí mismos:

9-10 marcas en la columna derecha= Listos para ser santos

7-8 marcas en la columna derecha= Premio Ciudadano del Mes

5-6 marcas en la columna derecha= Muy buen niño

3-4 marcas en la columna derecha= Adolescente muy normal

0-2 marcas en la columna derecha = Tremendo egoísta.

Tenga cuidado de no "sobreespiritualizar" esta actividad. Hágala divertida: tal vez dando un premio (¿un espejo de bolsillo?) para el tremendo más egoísta en la clase y tal vez otro (¿una aureola hecha a mano?) para el "joven más santo".

EXPLORE LA PALABRA

1. Panorama General

Cómo reaccionarías si alguien te dice que el más grande pasaje en todo el Nuevo Testamento está en este capítulo? Sería tu respuesta "¿Y qué?", ¿o tomarías tu Biblia, buscarías este capítulo, y lo leerías con entusiasmo?

Bueno, algunos sienten que el pasaje más grandioso en todo el Nuevo Testamento es Filipenses 2:6-11, pero ese honor podía ir a muchos otros pasajes también.

El hecho es el pasaje más grandioso en todo el Nuevo Testamento el día de hoy es aquel pasaje que el Espíritu Santo usa para hablarte. Vamos a estudiar este capítulo con entusiasmo y expectativa, esperando lo que el Espíritu tiene que decir a usted

2. Unidad de los cristianos (2:1-4)

Cuanto más leas los escritos de Pablo, más te darás cuenta de que hay dos o tres temas que son su mayor preocupación. Uno de esos temas es la unidad en el Cuerpo de Cristo. Que alguien lea estos versículos en voz alta y luego respondan a las siguientes preguntas:

1. Compare estos versos con Efesios 4:1-6, 15-16. ¿En qué se parecen?

2. No se pierdan en el condicional "si" y las cuatro veces en que aparece la palabra "algún", al inicio de esta sección. Todos dicen algo similar. ¿Se pueden resumir en una sola cláusula del "si"?

3. La idea principal de la oración comienza en el versículo 2. ¿Cómo puede los Filipenses hacer que Pablo esté lleno de alegría?

4. En los versículos 3-4 Pablo nos da varias "curas" o soluciones para la falta de unidad. Haz una lista de ellos.

5. Estos versículos proporcionan una buena lista de verificación para que el Espíritu Santo nos hable. Dediquen unos minutos a la lectura de estos versos, meditando en ellos. ¿Alguna respuesta?

3. Himno de alabanza (2:5-11)

¿Alguna vez has estado en medio de una carta a un amigo y has recordado las palabras de una canción popular o algún poema que memorizaste en la escuela, o incluso un himno? Tal vez incluiste esas palabras en tu carta para ilustrar lo que estabas pensando.

Tal vez tu pastor a menudo cita himnos o poemas en sus sermones.

Eso es probablemente lo que sucedió en este pasaje maravilloso. El tema de la unidad cristiana, que Pablo estaba discutiendo en los versículos 1-4, le recordó de un poema - probablemente un himno. Tal vez esta sea una de su propia composición. Tal vez es un himno que fue cantado regularmente en las iglesias del primer siglo. Tal vez Pablo enseñó este himno a todas las iglesias en sus viajes misioneros, años antes. Es por eso que esta sección está escrita de forma diferente en algunas traducciones de la Biblia, alineado como un poema.

Sea cual sea el origen de este poema o himno que Pablo cita a los Filipenses, es una de los pasajes más bellos y teológicamente más profundos, en la Biblia entera.

Léanlo lenta y cuidadosamente en la clase, y luego respondan a estas preguntas:

1. Por supuesto, el "quién" mencionado en el versículo 6 es Cristo Jesús, después de haber sido nombrado en el versículo anterior. La primera frase del versículo 6, es una de las verdades teológicas más grandes y misteriosas. ¿Qué significa "siendo por naturaleza Dios"?

2. Jesucristo, que no era un compañero o un socio de Dios, sino que era Dios mismo, ¿qué hizo voluntariamente por nosotros (vv. 7-8)? ¿Cómo te sientes acerca de lo que hizo Jesús?

3. Los versículos 9-11 forman un himno de alabanza. Tomen unos minutos más de lo que normalmente dedican a un estudio y mediten en estos tres versos. ¿Qué les dice este pasaje a ustedes?

4. Se ha especulado que las cuatro palabras del versículo 11, "Jesucristo es el Señor", de hecho constituyeron la primera liturgia o confesión de la Iglesia. Eso significa que tal vez sea la primera declaración que todos los cristianos dijeron al unísono. Esas cuatro palabras han constituido la base absoluta de la fe cristiana durante casi 2.000 años. ¿Dirían ustedes en voz alta estas palabras, ahora mismo, escuchando en su alma las voces de miles de cristianos de todos los siglos, afirmando esta gran verdad con ustedes?

5. Antes de dejar este himno, recordemos por qué Pablo lo incluyó. Él dice en el versículo 5, "La actitud de ustedes debe ser como la de Cristo Jesús," y luego cita el himno. ¿Cuál es la actitud de Cristo Jesús que nos muestra este himno? ¿Se esta nuestra actitud?

4. Brillarán como las estrellas (2:12-18)

Después de este pasaje tan inspirador, Pablo tira de él mismo y de nosotros y nos regresa a la tierra con algunos comentarios muy prácticos. Que alguien lea estos versículos en voz alta y luego respondan las siguientes preguntas:

1. En el versículo 12, Pablo dice, "lleven a cabo su salvación". Después de todo lo que ha dicho acerca de la gracia, la salvación que es a través de la fe y no a través de las obras, ¿cómo puede decir esto a los Filipenses? Aquí hay dos pistas: En primer lugar, el verbo está en el tiempo progresivo, lo que significa que se está hablando de algo que ya está ocurriendo. En segundo lugar, comparen este versículo con 1:6. Ahora, ¿qué crees que Pablo está diciendo?

2. ¡Cuidado con el versículo 14! Es probable que los golpee justo entre los ojos. ¿Crees que Pablo realmente quiso decir eso? ¿Es esto posible? ¿Cuál es tu reacción?

3. Observen que en el versículo 15, Pablo no está esperando que los Filipenses van a "brillen como las estrellas" - tal vez si siguieran todas sus instrucciones. Él dice que ya lo hacen, están "brillando como estrellas en el universo". Lea cuidadosamente las frases justo antes y después de estas palabras. ¿Qué está diciendo? ¿Estamos brillando como estrellas en el universo?

5. Compañeros de trabajo (2:19-30)

A veces olvidamos que Pablo estaba siempre rodeado de colaboradores en sus viajes misioneras. Basta con leer algunas de las páginas del libro de los Hechos -el nombre de Pablo siempre está ligado al de sus compañeros. Incluso en la cárcel, al parecer, Pablo tuvo ayudantes. Este pasaje es acerca de dos de ellos.

Que alguien lea estos versículos en voz alta y luego respondan a las siguientes preguntas:

1. ¿Qué saben acerca de Timoteo? (Lee Hechos 16:1-3, 1 Corintios 4:17, 1 Timoteo 1:2.) ¿Cómo explicarías la relación que existe entre Pablo y Timoteo?

2. Epafrodito era un miembro de la iglesia de Filipos que había sido enviado por la congregación para ayudar a Pablo mientras estaba en prisión. ¿Qué le ocurrió mientras estaba con Pablo?

3. Estos versos parecen de poca importancia, especialmente cuando se compara con los versos increíbles que están el principio de este capítulo, pero nos dan una idea acerca de Pablo, de la forma en que él trabajaba, y de la actitud de las primeras iglesias. ¿Qué podemos aprender de estos versos?

EXPERIMENTA LA PALABRA

¿Cuál es tu actitud?

Esta actividad les pide a sus estudiantes echar una mirada a sus propias vidas y considerar dónde están centrados. Déle a su clase varios minutos de "tiempo a solas" para responder las preguntas que vienen a continuación. Asegúreles que no se les pedirá que compartan sus respuestas con nadie.

Diga, Ser humilde y brindarse en sacrificio no significa tener un pobre concepto de uno mismo o ser un tapete para que todos lo pisen. Significa entender quién eres y cuáles son tus dones; dar de ti y compartir tus dones libremente con otros. Significa rendirte voluntariamente si otros se van a beneficiar. Significa tener la actitud de un siervo, como Cristo Jesús.

• ¿Con qué área de tu vida luchas más: ser arrogante o egoísta?

• ¿Puedes recordar algún momento en los pasados días en que fuiste egocéntrico?

• ¿Cómo puede el ejemplo de Cristo desafiarte para resistir a la arrogancia y egocentrismo?

• ¿Qué harás esta semana para trabajar en esto?

Concluya esta sesión con una oración de acción de gracias por el ejemplo de auto sacrificio de Cristo.

9 ALCANZANDO
LA META

PASAJE BÍBLICO: Filipenses 3:1–4:23

VERSÍCULO CLAVE: ""…una cosa hago: olvidando lo que queda atrás y esforzándome por alcanzar lo que está delante, sigo avanzando hacia la meta para ganar el premio que Dios ofrece mediante su llamamiento celestial en Cristo Jesús" (Filipenses 3:13b-14).

OBJETIVOS DE ENSEÑANZA

Ayudar a los estudiantes a:

1. Darse cuenta que la vida espiritual es un compromiso continuo, no una posesión estática.

2. Desear permanecer fieles al llamado a pesar de las dificultades o contratiempos.

3. Confiar en Dios para que nos ayude a ser fieles.

PERSPECTIVA

Nuestra tradición, con su énfasis en un punto de crisis de conversión, algunas veces le da a la gente la idea de que la vida espiritual es algo que "tienes", y una vez "obtenido" algo que "tienes" hasta que mueras o, más probablemente, lo "pierdas", y entonces los puedas "tener" otra vez

Esta idea de tener-tuve, nos puede robar el rico aspecto de relación de la vida en Cristo.

También puede dejarnos faltos de preparación para las dificultades espirituales y traumas que pueden dañar nuestra relación. Frecuentemente, este acercamiento a la salvación es la causa de mucho del subir y bajar espiritual que muchos jóvenes experimentan.

El propósito de esta lección es ayudar a sus estudiantes a entender la naturaleza de la perseverancia espiritual, crecimiento espiritual y tenacidad espiritual.

ANTECEDENTE BÍBLICO

En el capítulo 3, Pablo regresa a uno de sus temas recurrentes: la circuncisión. Sin cortar palabras, el apóstol advierte a los filipenses cuidarse de los judaizantes quienes los harán depositar su confianza para la salvación en las operaciones legalistas y externas. Aún cuando hoy no luchamos contra el legalismo judío y la circuncisión, tenemos nuestras propias formas de depositar nuestra "confianza en la carne". Todo aquello de lo que dependemos para ganarnos el favor a los ojos de Dios: la cantidad de nuestro diezmo, la frecuencia de nuestra asistencia a la iglesia, el número de puestos electos y designados en la iglesia que tenemos, la fidelidad de nuestra adherencia a las reglas y prácticas de la iglesia, todo cae bajo la etiqueta de "carne".

Pablo indica que, si hubiera un concurso de artículos de la "carne", él lo ganaría. Su "pedigrí espiritual" volvería celosos aún a los judíos más diligentes. La asistencia a la Escuela Dominical de Pablo tendría miles de estrellitas.

Pero todas estas cosas son "pérdida" cuando Pablo las compara con la relación personal que disfruta con Jesucristo (v. 8).

Tal vez temiendo por un momento que sonara a presunción, Pablo nos asegura que todavía no ha obtenido la perfección espiritual. (Compare esto con los comentarios acerca de "tener" salvación en la Perspectiva antes mencionada). En este momento, Pablo usa una metáfora atlética para ilustrar su punto. La vida cristiana es como una carrera en la que, sin importar tu estatus actual (ya sea líder de la banda o el último de la fila) debes olvidar lo que "está atrás" y esforzarte por alcanzar lo que está adelante, que es, desde luego, vida eterna en Cristo (vv. 13-14).

En esto, Pablo está hablando de la naturaleza progresiva de la salvación, como lo discutimos en la última lección. (Ver el comentario sobre 2:12). Él dice, "vivamos de acuerdo con lo que ya hemos alcanzado" (v.16).

En el capítulo cuatro, al empezar a concluir su epístola, Pablo hace algunos comentarios personales y específicos. Les ruega a dos miembros de la congregación de Filipos a arreglar sus diferencias (vv. 2-3). Instruye a los filipenses a que se alegren siempre en el Señor (v. 4). Y les da, en un versículo familiar, una instrucción para que sus mentes piensen cosas buenas, en lugar de estar ansiosos por la maldad (v. 8).

En sus párrafos finales, el apóstol agradece a los filipenses sus muchos regalos personales para con él. Al mismo tiempo les asegura que no está en necesidad. Ciertamente, en prisión como está, Pablo tiene muchas necesidades. Pero ha aprendido a vivir por encima de las preocupaciones materiales.

CONÉCTATE CON LA PALABRA

La versión juvenil

Lea en voz alta Filipenses 3:18-21. Tal vez prefiera escribir estos versículos en el pizarrón. Diga, Ustedes han sido escogidos para traducir este pasaje de la Escritura a un estilo de escritura más contemporáneo, moderno. Divida los versículos entre sus estudiantes y haga que escriban sus versículos en sus propias palabras. Cuando hayan terminado combine el trabajo de cada estudiante escribiendo la nueva versión en el pizarrón. Pregúnteles si parece más entendible o si cambia el significado de lo que decía antes. Pregúnteles qué han aprendido de esta actividad sobre lo que Pablo expresa en estos versículos.

EXPLORA LA PALABRA

1. Ser cristiano es como. . .

Pida a un alumno que lea en voz alta Filipenses 3:12-14. A continuación, lean las siguientes afirmaciones (o escribir en el pizarrón para que todos puedan leerlas):

• Ser un cristiano es como ganar un premio— ¡trabajas para ganarlo, y te lo quedas!

• Ser un cristiano es como poseer una joya preciosa—debes guardarla cuidadosamente o la puedes perder.

• Ser un cristiano es como ser el niño de papá— es algo que nunca te puedes quitar de encima, ¡aún si quieres hacerlo!

• Ser un cristiano es como correr una carrera— es un esfuerzo constante.

Pregunte cuál de estas declaraciones es la más precisa. (No se preocupe si recibe una respuesta incorrecta. Para eso es el estudio de las Escrituras).

2. Pérdidas y ganancias (3:1-11)

Una calcomanía popular dice: "¡El que tiene más juguetes, gana!" Muchas personas basan su vida en la filosofía de esa calcomanía. Pablo tiene algunos comentarios en esta sección sobre ganar y perder, y sobre lo que es el éxito.

Que alguien lea estos versículos en voz alta y luego responde las siguientes preguntas como una clase:

1. Cuando lean el versículo 1, recuerden que Pablo está escribiendo desde la cárcel, víctima de muchas dificultades. ¿Qué nos dice este versículo acerca de la actitud de Pablo?

2. El versículo 2 es una referencia a los judaizantes que predicaban la circuncisión y la obediencia a las leyes judías del Antiguo Testamento. Sin duda, sabemos acerca de ellos después de haber leído Gálatas y Efesios. Si "la circuncisión" son aquellos que son el pueblo elegido de Dios, Pablo dice "nosotros... somos la circuncisión" (v. 3). ¿Acerca de quién está hablando Pablo?

3. En el versículo 3, Pablo se refiere a las personas que ponen "ninguna confianza en los esfuerzos humanos". ¿Qué quiere decir Pablo? ¿Confianza para qué? ¿Qué significa "los esfuerzos humanos" o "la carne" (en otras versiones)?

4. En los versículos 4-6, Pablo enumera su "pedigrí" religioso, las líneas en su currículum que lo convertirían en un modelo de judaizante. Pero, ¿cómo se siente él acerca de estas cosas (v. 7)?

5. En los versículos 7-11, Pablo nos da una idea de su sistema de valores, en lo que constituye "ganar" para él. ¿Qué está en la parte inferior de su sistema de valores? ¿Qué está en la cima?

3. Adelante y hacia arriba (3:12 - 4: 1)

Continuando con el tema de ganar y perder, de lo que constituye un valor real, Pablo reflexiona un momento sobre su posición en la vida. Al hacerlo, nos da un poco de alimento espiritual rico para que meditemos.

Que alguien lea estos versículos en voz alta y luego, como clase, respondan las siguientes preguntas:

1. ¿Qué crees que Pablo quiera decir en "alcanzar aquello para lo cual Cristo me alcanzó a mí" (v. 12)?

2. Pablo utiliza una metáfora deportiva, en los versículos 12-14. ¿En qué se parece la vida espiritual a una carrera?

3. En el versículo 20, Pablo dice que "nuestra ciudadanía está en los cielos". Piense en el significado de la ciudadanía. ¿Qué está diciendo Pablo?

4. Leen juntos 3:13b-14, 16, y 4:1. A la luz de estos versículos, ¿cuál dirían que es el tema de esta sección?

4. Instrucciones finales (4:2-9)

Como siempre, cuando Pablo está justo en medio de esta carta, nos deja varias instrucciones muy específicas sobre la vida cotidiana en Cristo.

Que alguien lea estos versículos en voz alta y luego, como clase, respondan las siguientes preguntas:

1. Al parecer, dos de las mujeres en la congregación de Filipos estaban involucradas en un desacuerdo. ¿Qué les dice Pablo a ellas?

2. Lean los versículos 4-7, recordando que Pablo está escribiendo desde la cárcel. ¿Qué clase de espíritu necesita una persona para ser capaz de mantener este tipo de actitud? ¿Serías capaz de mantener una actitud como la de Pablo, si estuvieras la cárcel?

3. El versículo 8 es uno muy bueno para memorizar. Toma tiempo para meditar en cada "todo" que se menciona. ¿Qué te está diciendo Pablo este versículo? ¿Qué es lo que generalmente ocupa tus pensamientos?

5. Gracias por recordarme (4:10-23)

Pablo concluye su carta con acción de gracias por la ayuda de los Filipenses, mientras él estuvo en la cárcel. Una vez más, la calidez de su relación es clara.

Pídale a un voluntario que lea estos versos y, a continuación, respondan a estas preguntas:

1. Lean los versículos 11 y 12 con cuidado.

¿Crees que Pablo está diciendo la verdad? ¿No crees que la mayoría de la gente - amigos y familia – podrían decir esto? ¿Podrías decirlo?

2. En el versículo 13, Pablo dice: "Todo lo puedo". ¿Qué quiere decir con "todo"?

3. El versículo 19 es un buen verso para copiar en una tarjeta y ponerlo donde lo puedas ver a menudo. Por "necesidades", ¿Pablo quiere decir, la última moda, DVDs, o automóviles? Por supuesto que no. ¿Qué quiere decir entonces?

Asegúrese de que sus estudiantes entiendan estos conceptos al concluir esta sección:

• La vida cristiana no es una cosa que poseemos, es una relación.

• La vida cristiana es una tarea continua, en constante crecimiento y cambio.

• Tropezar o retrasarse no significa que se acabó la vida cristiana. Como un corredor, un cristiano puede levantarse por sí mismo o por sí misma, quitar el polvo de sí mismo, y seguir corriendo.

• Al igual que cualquier esfuerzo atlético, la vida cristiana es ayudada por la disciplina, el trabajo duro, y la tenacidad.

EXPERIMENTA LA PALABRA
Corriendo la carrera

Así como un entrenador dando instrucciones finales antes de la gran carrera, use los momentos finales de esta sesión para alentar a sus estudiantes a perseverar en la fe. Recuérdeles la maravillosa declaración de Pablo en 4:13. Ore con ellos pidiendo el valor y fuerza para mantenerse en la carrera hasta que lleguen a la meta.

Diga, En los pasajes que hemos estudiado en esta lección, Pablo algunas veces suena como un entrenador dando instrucciones a su equipo antes de la gran carrera:

'¡Avancen!'

'¡Empiecen!'

'¡No miren atrás!'

'¡Mantengan sus ojos en el objetivo!'

'¡No se preocupen!'

'¡Piensen en ganar!'

Si alguna vez has estado en un equipo, probablemente has escuchado a un entrenador decir cosas como esas. ¡Y probablemente has escuchado palabras como 'perseverancia,' 'tenacidad,' o 'agallas'!

¿Qué te está haciendo tropezar o desanimar en tu carrera? ¿Qué dificultades o desventajas tienes que aguantar?

Recuerda las palabras de Pablo: 'Todo lo puedo en Cristo que me fortalece' (Filipenses 4:13).

Antes de la reunión ponga los nombres de sus estudiantes en un sombrero (a algo parecido) y revuélvalos. Durante esta actividad, haga que sus estudiantes saquen un nombre del sombrero. Asegúrese de que no saquen su propio nombre. Luego haga que cada estudiante escriba una nota personal de aliento a la persona cuyo nombre sacaron, y que la distribuyan al final de la clase.

10 EL PRIMOGÉNITO
DE TODA CREACIÓN

PASAJE BÍBLICO: Colosenses 1:15-23; 2:6-23

VERSÍCULO CLAVE: "Porque a Dios le agradó habitar en él con toda plenitud y, por medio de él reconciliar consigo todas las cosas, tanto las que están en el cielo, haciendo la paz mediante la sangre que derramó en la cruz" (Colosenses 1:19-20).

OBJETIVOS DE ENSEÑANZA

Ayudar a los estudiantes a:

1. Distinguir entre la cristología ortodoxa y la no ortodoxa.

2. Apreciar la cristología ortodoxa como una verdad objetiva y como un beneficio personal.

3. Buscar una cristología ortodoxa en los varios sistemas que encuentren.

PERSPECTIVA

En los años 70 el cristianismo evangélico pasó por un exceso de sensacionalismo de culto, capitalizando en la ignorancia y temor de todos sobre las muchos nuevos y no tan nuevos cultos que surgían como resultado del movimiento "hippie". Los artículos en las revistas cristianas se enfocaban en los cultos que virtualmente secuestraban a sus "víctimas", las hambreaban y maltrataban mientras les lavaban el cerebro con principios heréticos, y luego los ponían a trabajar como esclavos o autómatas en comunas o aeropuertos. Aunque algunas de estas cosas sí ocurrieron, el sensacionalismo alrededor del tema fue mucho más allá del impacto de estos cultos en muchos cristianos.

Sin embargo, al estudiar Colosenses, uno no puede ignorar la preocupación de Pablo con la falsa doctrina y las herejías que estaban amenazando la cuna misma de la teología del primer siglo. Los tataranietos de esas herejías del primer siglo todavía están con nosotros. Cuando vienen en forma de cultos raros o extremos, usualmente podemos reconocerlos. Pero con frecuencia vienen en forma de grupos de iglesias aceptados, legítimos, cuya apariencia de cristianismo ortodoxo esconde su teología no ortodoxa. Los adolescentes son particularmente susceptibles a estos grupos.

Esta lección se enfoca en la teología ortodoxa de Cristo y las herejías, tanto antiguas como modernas, que tuercen y pervierten esta teología

ANTECEDENTE BÍBLICO

Al empezar nuestro estudio del Libro de Colosenses, notaremos varias similitudes entre los tres libros previos que hemos estudiado, especialmente el Libro de Efesios. Pablo usa mucho del mismo formato y trata con muchos de los mismos temas.

Sin embargo, hay varias diferencias. Una de

ellas es que Pablo en Colosenses está escribiendo a la iglesia de Colosas y los conoce sólo por referencias. Otra diferencia es el propósito específico de la carta.

Aunque había falsos maestros en Galacia, Éfeso y Filipos, ellos eran mayormente judaizantes que estaban enseñando que los gentiles debían volverse primero judíos y seguir las diversas leyes y ceremonias del Antiguo Testamento. Estos eran principalmente cristianos judíos que simplemente no estaban listos todavía para soltar sus raíces hebreas.

En Colosas, sin embargo, se estaba dando una forma mucho más seria de enseñanza falsa. Debemos entender claramente que cuando Pablo estaba escribiendo, la Iglesia Cristiana todavía estaba en proceso de formación. Su jerarquía, su metodología, su liturgia y su teología se estaban apenas formulando. Se puede decir que la Iglesia estaba construyendo su barco al momento de navegar en el océano. Mucho de esto se puede ver en las páginas de Hechos y las epístolas de Pablo.

Una de las preguntas teológicas más significativas con las que la Iglesia estaba luchando tenía que ver con la cristología. (Cristología es un término que generalmente se aplica a cualquier estudio de Cristo: Su vida, su misión y su naturaleza. Técnicamente es usado para denotar una rama específica de la teología: teología que concierne al Cristo). La iglesia y sus líderes estaban intentando responder la pregunta "¿Quién es/era Jesucristo?"

Desde nuestra perspectiva, eso parece ser una pregunta fácil. Está todo deletreado en las páginas del Nuevo Testamento y en nuestros diversos textos de teología. ¿Qué no sabía nadie quién era y es Jesucristo?

Pero recuerda que cuando Pablo estaba escribiendo, no había Nuevo Testamento. La teología estándar u ortodoxa estaba siendo decidida por la gente preocupada. Lo que ahora consideramos "ortodoxo" es la teología que "ganó" en la "competencia" (gracias a, creemos, la actividad del Espíritu Santo).

La "Herejía Colosense" como se le ha conocido era una combinación de filosofías cristiana, judía, griega y oriental. Tenía diversos enfoques, incluyendo la adoración a los ángeles, circuncisión y ceremonialismo. El enfoque principal con el que Pablo estaba preocupado, y del que nos ocuparemos en esta lección, era una cristología distorsionada.

Mucho del contexto de la herejía en Colosas vino de un amplio grupo de enseñanzas generalmente clasificadas juntas bajo el término gnosticismo (pronunciado como si la "G" inicial no estuviera). Sus filosofías principales eran estas:

1. Todas las cosas espirituales son buenas; todas las materiales (físicas) son malas.

2. Tanto lo espiritual como lo material (bien y mal) han existido eternamente.

3. Dios es espiritual y bueno pero muy distante y santo. Este Dios no pudo haber tenido contacto con lo material o físico, de modo que no pudo ser el creador del mundo.

4. De este Dios vinieron varias "emanaciones" (como fotocopias), siendo cada una un poco más distante del original. Cristo es una de esas emanaciones, como los son los ángeles y otros seres "celestiales".

5. La última de las emanaciones está tan distante de Dios que de hecho es mala, aunque todavía un Dios. Fue este Dios que creó el mundo del cual existen los elementos físicos/materiales.

6. Como lo físico es malo, el Dios bueno no pudo haber tomado la forma humana. Consecuentemente, Jesús era o una aparición (el Cristo divino pareciendo meramente ser humano) o un humano que temporalmente fue usado por el Cristo divino.

7. Como lo espiritual es bueno y lo físico es malo, un humano no puede ser totalmente redimido mientras él o ella permanezcan en un cuerpo. (Esta filosofía dio como resultado dos grupos. El primero simplemente se dio por vencido tratando de reconciliar y mantener sus espíritus "puros" mientras permitían a sus cuerpos hacer lo que ellos escogieran. La segunda intentó golpear, hambrear y negar a sus cuerpos, esperando forzarlos a la sumisión).

8. Sólo las personas con un conocimiento "especial" pueden entender la verdad y ser salvos. (El Gnosticismo viene del la palabra griega gnosis, que significa "conocimiento").

En el Libro de Colosas, Pablo contrarresta estas filosofías gnósticas con algunas de las declaraciones más claras y fuertes acerca de la naturaleza de Cristo en el Nuevo Testamento. Incluyendo estas:

1. Cristo estaba presente y activo en la Creación. No es un ser creado (1:15-17).

2. Cristo no es una "emanación" o copia de Dios. Él es totalmente Dios, teniendo naturaleza divina plena (1:19; 2:9).

3. Cuando Cristo se encarnó, Él se convirtió totalmente en humano, con un cuerpo físico (1:22).

4. En Cristo, la humanidad puede ser reconciliada con Dios (1:20, 22; 2:13).

Pablo también toca otras prácticas heréticas que están siendo enseñadas en Colosas—incluyendo la adoración a los ángeles (2:18), ceremonialismo (2:16), conocimiento "especial" (2:18), y severo tratamiento del cuerpo (2:21-23)—mismas que no tenemos tiempo de tratar en esta lección.

¿A dónde nos lleva todo esto? Muchos jóvenes (así como adultos) responderían diciendo, "¿Y qué? Esas son cosas del primer siglo. Ya no hay gnósticos ahora. No buscas en las páginas amarillas "Iglesias" y encuentras a la "Primera Iglesia del Gnosticismo" o "Acción Familiar Gnóstica". Así que, ¿por qué debo preocuparme por eso?"

De hecho, las filosofías del gnosticismo y otras herejías parecidas están presentes en el siglo XXI. Con frecuencia forman parte de la teología de grupos que pueden asumir que son simplemente otras denominaciones, como la Iglesia de Jesucristo de los Santos de los Últimos Días (mormones), Testigos de Jehová, Adventistas del Séptimo Día. Iglesia de Cristo Científico, la Iglesia Universal de Dios, la Escuela Unida de Cristianismo, o aún la Iglesia Unificada (los "moonies"). Algunas veces son elementos de grupos que parecen organizaciones paraeclesiásticas. (Paraeclesiástico se refiere a grupos religiosos que suplementan el trabajo de las iglesias sin ser iglesias reales. Las organizaciones paraeclesiásticas legítimas incluyen Cruzada Estudiantil, Los Navegadores y Juventud para Cristo). Estos grupos heréticos que parecen ser sólo estudios bíblicos o grupos de discipulado incluyen los Hijos de Dios y El Camino Internacional. Otros grupos aparentan ser filosofías y no religiones, como el Movimiento de la Nueva Era, la Sociedad Teosófica, y la Cientología.

Todos estos grupos, aún cuando algunos se vean muy "normales" o de corrientes fuertes, contienen teologías heréticas o no ortodoxas. La primera clave es su Cristología. Mientras que en la superficie pueda sonar ortodoxa, en realidad no lo es. Por ejemplo:

• La ciencia cristiana no cree que Cristo era divino. Ellos creen que Jesús era un buen hombre que encarnó la verdad más que cualquier otro.

• Los Testigos de Jehová creen que Cristo era un ser creado, de hecho un ángel superior.

• Para los mormones, Jesús es algo como un "superman," un ejemplo perfecto del tipo de buenos humanos que podemos llegar a ser.

Un entendimiento claro de la Cristología ortodoxa y una firme creencia en el Cristo de la Biblia nos protegerá (y a nuestros jóvenes) de ser burlados por estas y otras herejías.

CONÉCTATE CON LA PALABRA

Cristo Jesús era . . .

¿Cuál de las siguientes declaraciones refleja lo que crees acerca de Cristo Jesús? Pon una marca en tantas opciones como quieras.

____ Cristo Jesús era el humano más perfecto que jamás vivió en esta tierra.

____ Cristo Jesús estaba presente y activo en la creación del mundo.

____ Cristo Jesús era mitad Dios y mitad humano.

____ Cristo Jesús era un hombre súper santo a quien Dios escogió para convertirse en Su Hijo, el Cristo.

____ Cristo Jesús es nuestro "Hermano Mayor", y un ejemplo de lo que todos seremos.

____ Cristo Jesús era Dios pareciendo ser un hombre. No tenía un cuerpo físico de verdad.

____ Cristo Jesús fue creado por Dios.

____ Dios el Hijo (Cristo Jesús), Dios el Padre, y Dios el Espíritu Santo son tres dioses que gobiernan esta tierra.

____ Jesús era un hombre muy devoto y obediente en cuyo cuerpo Dios escogió vivir desde el tiempo del bautismo de Jesús hasta el tiempo de su muerte, tiempo en el cual Dios lo dejó.

____ Jesús es una idea de cómo es la perfección. No existió realmente sino que fue creado por los humanos para ilustrar cómo sería Dios en forma humana.

____ Cristo Jesús, a la vez que era divino, tenía un cuerpo de carne y sangre de verdad.

____ La vida de Cristo Jesús nos muestra cómo es una vida redimida, aún cuando no tuvo nada que ver con nuestra redención.

EXPLORA LA PALABRA

1. Panorama General

Bienvenido al cuarto libro de este estudio, la carta de Pablo a la iglesia de Colosas. ¿No te gustaría tener un amigo que es tan fiel a escribir cartas como lo fue Pablo?

Al igual que los tres libros anteriores, éste es corto, pero lleno de visión maravillosa. Usted puede leer este libro en una media hora. Un buen objetivo sería leer este libro completo, sin parar, varias veces durante el tiempo que estudie el libro. Eso le ayudará a mantener el contexto en mente mientras trabaja en los versos específicos.

2. Agradecimiento y oración (1:1-14)

Al leer esta carta, usted se dará cuenta de muchas similitudes con la carta del apóstol a los Efesios. Ambas fueron escritas probablemente a la misma hora, desde la misma cárcel romana. Ambas estaban destinadas a ser leídos en voz alta a una congregación o un grupo de congregaciones. Ambas tratan muchos de los mismos temas.

Pero también hay algunas diferencias. Mientras que Pablo había fundado la iglesia en Éfeso y conocía bien a los efesios, él no conocía personalmente a la iglesia de Colosas (ver 2:1). El conocimiento que tenía de ellos era de segunda mano, por reputación.

Que alguien lea estos versículos en voz alta y luego respondan a estas preguntas:

1. ¿Qué había escuchado Pablo acerca de los Colosenses?

2. ¿Quién fue aparentemente el fundador de la iglesia de Colosas (v. 7)?

3. Si están leyendo en la NIV, se darán cuenta de un punto (.) en el centro del versículo 10. Después de ese signo de puntuación Pablo explica o da ejemplos de lo que se acaba de decir. Pablo acaba de decir, "Pedimos… que vivan de manera digna del Señor, agradándole en todo". Lo que sigue al punto y seguido, son formas en que los colosenses - y nosotros también - podemos agradar a Dios. El pensamiento continúa en los versículos 11 y 12, y completa los cuatro. Haz una lista de los cuatro ejemplos que se encuentran en los versos 10 al 12.

3. Una joya Cristológica (1:15-20)

En primer lugar, una definición. Algo que se refiere a Cristo, su misión, o su naturaleza puede ser llamado "cristológico".

Estos cinco versos constituyen una de las declaraciones cristológicas más cuidadosamente escritas, llena de significado, y teológicamente precisa, en toda la Biblia.

Al leer esta sección, recuerde que en el primer siglo, como en todos los siglos, una de las cuestiones clave con las que la Iglesia tuvo que lidiar fue la siguiente: "¿Quién es el Cristo?". En el momento en el que Pablo escribió a los colosenses, la teología de la Iglesia aún estaba formándose. Obviamente, el Nuevo Testamento estaba en proceso de ser escrito, y el Antiguo Testamento dio sólo orientación parcial sobre cuestiones cristológicas. Hubo muchas teorías o teologías que fueron presentadas y dadas a conocer en la época en que Pablo estaba escribiendo. El propósito principal de este pasaje, y definitivamente de esta carta, es refutar una o más de estas falsas teorías, llamadas "herejías".

Que alguien lea estos cinco versos, cuidadosamente, a continuación, respondan a estas preguntas:

1. En esta sección hay varios puntos principales de la teología que damos por sentado. Suponemos que la Iglesia siempre ha enseñado estas cosas y que todo cristiano cree en eso. ¿Puede identificar estos puntos principales?

2. Sabiendo que Pablo escribió esta sección para refutar una herejía importante, podemos reconstruir esa herejía, tomando lo contrario de todo en este pasaje. Voy a leer algunas de las declara-

ciones de Pablo. Después de cada una, digamos lo contrario.

a. "Por medio de él [Cristo] fueron creadas todas las cosas" (v. 16).

b. "Él [Cristo] es anterior a todas las cosas" (v. 17).

c. "Él [Cristo] es la cabeza del cuerpo, que es la iglesia" (v. 18).

d. "Porque a Dios le agradó habitar en él [Cristo] con toda su plenitud " (v. 19).

e. "Por medio de él [Cristo], reconciliar consigo mismo [Dios] todas las cosas" (vv. 20).

3. ¿Qué crees que probablemente afirmaba la herejía que Pablo estaba refutando?

4. ¿Qué tan diferente sería nuestra vida espiritual si esta herejía hubiera ganado sobre la teología de Pablo?

4. Reconciliación (1:21-23)

En esta sección, Pablo sigue haciendo afirmaciones cristológicas y refutando la herejía. Pero estos versos son quizá un poco más personales y prácticos.

Que alguien lea estos tres versos y luego respondan las preguntas:

1. ¿Qué causa da como resultado la separación de Dios?

2. En el versículo 22 el apóstol está de nuevo a la caza de la herejía. Él utiliza dos frases muy cuidadosamente escritas: "el cuerpo mortal de Cristo" y "mediante su muerte". Miremos otra vez las declaraciones opuestas a estas declaraciones. ¿Qué más sabemos ahora acerca de la herejía contra la que Pablo está luchando?

3. Note en los versículos 22-23 el mismo énfasis en los aspectos progresistas de la salvación que hemos visto anteriormente (véase Filipenses 1:6; 2:12-13; 3:12-16). Y se nos da una clara comprensión del papel de Dios en la salvación, en comparación con nuestro papel en la salvación. ¿Puede poner estos versos en sus propias palabras para hacer todo esto más claro?

5. El trabajo del apóstol (1:24-29)

Recuerde, de nuestros estudios anteriores, que Pablo estaba en la cárcel, después de haber sufrido muchas dificultades por causa del evangelio. Estos versos pueden sonar como si Pablo se jactara o estuviera tomando el papel del "pobre de mí"; pero si usted lee con cuidado, se dará cuenta de que él simplemente está evaluando su vida y obra.

Que alguien lea estos versículos en voz alta y luego respondan las siguientes preguntas:

1. ¿Qué crees que Pablo quiere decir cuando dice, "y voy completando en mí, lo que falta de las aflicciones de Cristo" (v. 24)? (Ver también 2 Corintios 12:7-10.)

2. ¿Cuál es el "misterio" al que Pablo se refiere en los versículos 26-27?

EXPERIMENTA LA PALABRA
Yo creo

La lección debe moverse en este punto a un nivel personal para evitar que sea sólo una discusión interesante pero algo sensacionalista de los cultos. Pida a sus estudiantes, que están trabajando individualmente, que decidan cuatro cosas que ellos creen acerca de Jesucristo y escriban eso en sus propias palabras.

Luego pídales pensar acerca de por qué esas declaraciones son importantes. ¿Qué pasaría si no fueran ciertas? (Por ejemplo, si Cristo no fuera divino, sino simplemente un muy buen hombre, ¿cómo aceptaríamos como una verdad absoluta cualquier cosa que Él dijera? ¿No sería Él tan susceptible al error como el resto de nosotros?)

Pídales que tomen cada una de las declaraciones que han escrito y luego expliquen por qué esas declaraciones son importantes para ellos, anotando sus respuestas en papel.

Si tiene tiempo, pida voluntarios para compartir sus respuestas a esta actividad. Concluya la sesión con una oración de agradecimiento por nuestra herencia cristiana que ha sido transmitida a través de los siglos y por hacer disponibles Su palabra y voluntad a nosotros a través de la Biblia.

11 LIBERTAD
EN CRISTO

PASAJE BÍBLICO: Colosenses 1:1-14; 1:24-2:5

VERSÍCULO CLAVE: "Por eso, de la manera que recibieron a Cristo Jesús como Señor, vivan ahora en él, arraigados y edificados en él, confirmados en la fe como se les enseñó, y llenos de gratitud" (Colosenses 2:6-7).

OBJETIVOS DE ENSEÑANZA

Ayudar a los estudiantes a:

1. Entender la necesidad del crecimiento espiritual después de la conversión.

2. Desear convertirse en cristianos maduros a través del crecimiento espiritual.

3. Determinar estrategias para el crecimiento espiritual.

PERSPECTIVA

Vivimos en un mundo "instantáneo": comunicaciones globales instantáneas a través del correo electrónico e Internet, comidas instantáneas a través de la magia de la cocina de microondas, resolución de problemas instantáneamente a través de la magia de las computadoras súper rápidas. Consecuentemente, tenemos poca paciencia con las cosas que requieren de tiempo.

Los adolescentes que han crecido en este mundo "instantáneo" asumen que cualquier proceso puede ser acortado. Tienden a ver su mundo de forma binaria, en términos de prendido-apagado, blanco-negro, todo-nada. Frecuentemente esto resulta en su contra al demandar perfección instantánea de ellos mismos. Quieren estar listos para Wimbledon después de una o dos lecciones de tenis. Quieren estar listos para pasar un examen con una sola leída del material. Y quieren ser cristianos maduros al momento en que dejan el lugar de oración donde han invitado a Jesucristo a sus corazones.

Esta lección, como la lección 9, se enfoca en la naturaleza progresiva de nuestra relación con Cristo. En tanto que aquella lección enfatizaba la perseverancia, esta enfatiza el crecimiento. Esta lección ayudará a sus estudiantes a fijarse metas para su crecimiento espiritual y planear estrategias para alcanzar esas metas.

ANTECEDENTE BÍBLICO

No puede haber duda de que las personas a las que Pablo les está escribiendo en el libro de Colosenses son cristianos nacidos de nuevo. Inicia el libro con una gran alabanza para estos discípulos que nunca ha visto: "Siempre que oramos por ustedes, damos gracias a Dios, el Padre de nuestro Señor Jesucristo, pues hemos recibido noticias de su fe en Cristo Jesús y del amor que tienen por todos los santos" (1:3-4).

Pablo continúa en varios lugares refiriéndose a la experiencia de conversión de sus lectores notando que han pasado de la muerte espiritual a la vida espiritual: "dando gracias con alegría al Padre. Él los ha facultado para participar de la herencia de los santos en el reino de la luz" (1:12); "En otro tiempo ustedes… estaban alejados de Dios... pero ahora Dios, a fin de presentarlos santos, intachables e irreprochables delante de él, los ha reconciliado" (1:21-22); "ustedes estaban muertos en sus pecados, sin embargo, Dios nos dio vida en unión con Cristo" (2:13).

Pablo ciertamente deja en claro que los cristianos en Colosas son "intachables e irreprochables" a los ojos de Dios (1:22). Y sin embargo, en 1:24--2:5, el apóstol habla de sus esfuerzos en favor de los colosenses (y otros), "aconsejando y enseñando con toda sabiduría a todos" para "presentarlos a todos perfectos en él" (1:28). Uno no puede sino preguntar, Si estos creyentes son "intachables e irreprochables", ¿qué más necesitan para ser "perfectos en Cristo"? ¿Cómo pueden ser al mismo tiempo "intachables" e imperfectos?

Nos ayudará si nos damos cuenta de que la palabra traducida como "perfecto" en 1:28 tiene el significado de "completo" o "maduro", así como otras versiones más modernas lo indican. No significa perfección absoluta en el sentido de ser sin defecto.

En el ámbito espiritual, somos declarados "sin mancha y libres de acusación" en el día que confiamos en Dios para salvación. A través de Su gracia, Dios remueve nuestra culpa y nos hace moralmente puros y legalmente inocentes. Mientras retengamos nuestra relación con Cristo, permaneceremos, a los ojos de Dios, libres de culpa moral.

Eso no significa, sin embargo, que seamos sin defecto. Como nuevos cristianos, recién salidos del mundo, nos hacen falta muchas de las cualidades que marcan a los santos, a la vez que cargamos muchas de las cualidades que marcan a los no redimidos. Puede que todavía tengamos muchas áreas sin pulir como resultado de vivir previamente por la naturaleza pecaminosa. Tenemos hábitos, actitudes y rasgos de personalidad que no cambian inmediatamente cuando nos convertimos en cristianos.

Allí es donde entra el crecimiento espiritual. A través del estudio, disciplina y algunas veces trabajo arduo—todos bajo la guía del Espíritu Santo—podemos progresivamente ser más como Cristo.

Dejemos claro que tal progreso no altera en ninguna manera nuestra relación "legal" con Dios. Somos justificados por Su gracia y no por nuestras obras. Pero el deseo del cristiano debe ser parecerse diariamente más al Maestro en "palabra, pensamiento y hecho".

En varios lugares Pablo nos da una idea de la naturaleza de este crecimiento espiritual. En 1:9 escribe que está orando para que Dios llene a los colosenses "con toda sabiduría y comprensión espiritual". En 1:10-11 enlista cuatro de las características del crecimiento espiritual:

- "dar fruto en toda buena obra"

- "crecer en el conocimiento de Dios"

- "ser fortalecidos…con su glorioso poder. Así perseverarán con paciencia en toda situación"

- "dando gracias con alegría"

En 2:2, enlista su deseo para que ellos "cobren ánimo, permanezcan unidos por amor" de modo que puedan disfrutar "los tesoros de la sabiduría y del conocimiento".

CONÉCTATE CON LA PALABRA

¡Perfecto!

Previo a esta sesión, pida a uno de sus estudiantes que se preparen para leer la historia que sigue.

Eran las 4:00 a.m., y Juan y Susana estaban exhaustos. Pero también estaban entusiasmados porque una hora antes Susana había dado a luz a un varón de 4 kilos y 313 gramos, su primer hijo. Ahora estaban los dos en el cuarto de hospital de Susana, sosteniendo su precioso regalo de Dios.

"Es tan hermoso", dijo Susana maravillada. "¿No es así Juan?

"Puedo decir que jamás he visto un bebé tan guapo", dijo Juan, con una pizca de orgullo.

"¡Es absolutamente perfecto!" Chilló Susana con deleite.

"Bueno, no sé si yo diría tanto", le dijo Juan a su esposa.

"¿Qué quieres decir?" Replicó Susana. "Tiene 10 dedos en los pies, y 10 en las manos, 2 ojos y 2 orejas, una boca y una nariz, y todo lo que puedo pedir. Los doctores y enfermeras lo han declarado completamente sano. Es todo lo que hemos soñado y por lo que hemos orado. ¿Qué más quieres? Dios nos ha dado un hijo perfecto".

"Pero mira", señaló Juan, "no tiene cabello. Y pesa menos que una buena bola de boliche. No puede caminar, hablar, o cortar el césped. Dudo que conozca el Teorema de Pitágoras. Y hasta donde yo sé, no podrá ganar un salario decente al menos en un par de décadas".

Para entonces, Susana ya había reconocido el sentido del humor que le había llamado la aten-

ción de Juan cuando se conocieron por primera vez. "No es amable de tu parte bromear con alguien tan somnoliento como yo. ¡Además, te puede oír! Tiene suficiente tiempo para que le crezca el cabello. Y, además, para cuando tenga mucho cabello, tú estarás calvo, al paso que vas. Así que no nos pongamos muy delicados con nuestra definición de 'perfecto'".

Después de la presentación de la historia, hágale a su clase las dos preguntas siguientes:

• ¿Qué quiere decir Susana cuando dice "perfecto" en relación a su bebé?

• ¿Qué quiere decir Juan con "perfecto"?

Asegúrese de que ellos entiendan que por "perfecto" Susana quiere decir que el bebé tiene todo lo que necesita, todo lo que se puede esperar que tenga, y todo lo que han anhelado. Es "perfecto" ante sus ojos. Juan, sin embargo, está juzgando de forma bromista la "perfección" del bebé con estándares adultos, indicando que todavía no es lo que llegará a ser.

EXPLORA LA PALABRA
1. El trabajo continuo del apóstol (2:1-5)

En esta sección, una continuación de 1:24-29, el apóstol sigue hablando sobre su trabajo. Ahora, sin embargo, se vuelve más específico sobre su trabajo en favor de los cristianos de Colosas.

Que alguien lea esta sección para la clase y luego respondan a la siguiente preguntas:

1. Recuerda que Pablo está en una cárcel romana, ¿qué tipo de "lucha" (v. 1) creen que está sosteniendo?

2. En los versículos 2-3, Pablo resume el objetivo de la obra que está haciendo en nombre de los cristianos de Colosas, Laodicea, y otros lugares. ¿Puedes poner estos versos en tus propias palabras?

3. El versículo 4 hace referencia a los falsos maestros, de los que discutimos en el capítulo anterior. ¿Qué relevancia tiene este verso en el siglo 21?

4. ¿Qué actitud revela Pablo en el versículo 5?

2. Continúen viviendo en Cristo (2:6-12)

¿En esta sección, Pablo vuelve a refutar la herejía de Colosas que él trató en el primer capítulo. Comienza por felicitar a los cristianos en Colosas y luego pasa a la teología.

Pida a un voluntario que lea estos versículos en voz alta y luego respondan a las siguientes preguntas:

1. ¿Por qué crees que Pablo hace referencia al pasado, en los versículos 6-7 antes de pasar a las advertencias teológicas?

2. Sabiendo lo que sabe acerca de los falsos maestros en Colosas, ¿qué crees que Pablo estaba tratando de decir en el versículo 8?

3. En el versículo 9, Pablo repite un principio cristológico clave que ya había dicho antes, pero ahora en el versículo 10, le añade un giro interesante. ¿Puede identificar esto?

4. Sabemos que Pablo se opone firmemente a la exigencia de la circuncisión en los gentiles como requisito para que pudieran ser cristianos. Las personas a las que él estaba escribiendo esta carta probablemente no estaban circuncidadas. Y, sin embargo, dice, "En él también fuisteis circuncidados" (v. 11). Si leemos el resto del verso, entonces entenderemos este rompecabezas. ¿Qué está diciendo Pablo?

3. Vivos juntamente con Cristo (2:13-15)

En esta sección, Pablo describe la obra redentora de Cristo en la cruz. Recuerde, él no sólo está escribiendo bonito, como si fuera material devocional. Pablo está luchando contra una herejía grave.

Que alguien lea estos versículos en voz alta y luego respondan a las siguientes preguntas:

1. Pablo recuerda a los Colosenses (y a nosotros) que una vez estábamos "muertos" en nuestros

pecados. Pero en ese punto, ¿que hizo Dios? Compare este verso con Romanos 5:8 (también escrito por Pablo). ¿Qué dicen estos versículos acerca de quién toma la iniciativa en la salvación?

2. ¿Cuál es la "deuda" a la que se refiere Pablo en el versículo 14? ¿Por qué es esta declaración una parte importante de la refutación a la herejía de Colosas?

3. ¿A quién crees que Pablo se refiere cundo escribe "a los poderes y a las potestades" (v. 15)?

4. La realidad es Cristo (2:16-23)

En esta sección, Pablo hace que algunos de sus más fuertes ruegos a los colosenses, para resistir a los falsos maestros que estaban tratando de llevarlos por mal camino.

Lean estos versículos en voz alta y luego respondan las siguientes preguntas:

1. El versículo 16 comienza con "Así que" una frase que significa, "porque lo que he dicho es verdad, algo cierto le seguirá". Repasen lo que Pablo ha dicho en los versículos 13-15 y escríbanlo en una sola declaración.

2. Lean los versículos 16, 18, 20-21, y 23. En la última sesión, se examinó con cierto detenimiento los componentes teológicos de la herejía de Colosas (especialmente el cristológico). Aquí Pablo habla de algunos de los otros componentes. ¿Qué imagen se obtiene de lo que estaba sucediendo en Colosas?

3. Recuerden que, como judío, Pablo había sido criado con la ley del Antiguo Testamento, incluyendo sus rituales, ceremonias y calendario. Aunque él frecuentemente insiste que los cristianos gentiles no están obligados a seguir esas leyes, en ninguna parte él dice que esas leyes son malas. Lo más probable es que Pablo aún siguiera esas leyes para sí mismo - al menos la mayoría de ellas. El versículo 17 nos da una pista de lo que Pablo realmente pensaba acerca de la ley judía. Compare este verso con Gálatas 3:24-25. ¿Cuál era la opinión de Pablo acerca de la ley?

4. Compare el versículo 20 con Gálatas 3:1-3.

EXPERIMENTA LA PALABRA

¿Cómo vas?

Pide a tus jóvenes que dibujen una línea recta en una hoja de papel, y en uno de los extremos escriban "Bebé cristiano, recién nacido", y en el otro extremo, "Cristiano santo, maduro".

Bebé cristiano, recién nacido   *Cristiano santo, maduro*

Los jóvenes deberán colocar una "X" sobre la línea, en el punto que indica dónde se ubicarían ellos en términos de su crecimiento espiritual. Asegúreles que no se les pedirá compartir esto y aliéntelos a responder honestamente.

Luego deben escoger tres de las características de un cristiano maduro de la lista que han hecho juntos en la actividad previa. Estas deben ser cualidades que más desean en sus vidas.

Finalmente, deben enlistar tres acciones, una para cada característica que han escogido. Estas acciones deben ser específicas, prácticas y factibles.

Aliéntelos en sus viajes asegúreles que Dios desea que sean cristianos maduros y les ayudará si ellos lo dejan.

12 NORMAS
PARA LOS CRISTIANOS

PASAJE BÍBLICO: Colosenses 3:1– 4:18

VERSÍCULO CLAVE: "Ya que han resucitado con Cristo, busquen las cosas de arriba, donde está Cristo sentado a la derecha de Dios" (Colosenses 3:1).

OBJETIVOS DE ENSEÑANZA

Ayudar a los estudiantes a:

1. Entender que los creyentes y no creyentes son diferentes en su parte central por un enfoque de "ciudadanía" y una estructura de valores diferentes.

2. Poner su corazón en las cosas de arriba (3:1).

3. Orientar sus vidas y estilos de vida hacia su hogar eterno

PERSPECTIVA

¿Por qué será que los adolescentes parecen estar tan enterados de las pequeñas cosas pero no tienen ni idea de las cosas grandes? Los jóvenes que se sientan atrás en la iglesia son expertos en idioma de la iglesia, disciplina de la iglesia y política de la iglesia. Pero con frecuencia son completamente ignorantes acerca de lo más básico del cristianismo que le da a la iglesia su razón para existir.

No es extraño encontrar adolescentes que parezcan cristianos (diciendo las cosas correctas, haciendo las cosas correctas, no haciendo nada incorrecto), pero que con una investigación más profunda, nunca han tenido la experiencia de salvación de un cambio de corazón. ¿Por qué? Ellos observaron todos los aspectos específicos, imitables, concretos del cristianismo desde niños (y esa es la principal función de la educación cristiana con educación cultural infantil). Pero cuando su propio desarrollo mental les permitió entender el aspecto más amplio, abstracto de la salvación, de alguna forma no lo entendieron.

Algunos jóvenes están tan enfocados en lo externo y específico que de hecho ellos creen que ser cristiano es meramente adoptar un sistema de reglas, comportamientos y términos. En verdad no saben que los cristianos son diferentes de los no cristianos en su parte central.

Esta lección busca enfocarse en algunas de las razones detrás de las características externas y ayudar a los adolescentes a entender lo que en realidad cambia cuando uno se convierte en discípulo.

ANTECEDENTE BÍBLICO

Todas las cartas de Pablo siguen el mismo formato. Después de los saludos iniciales, el apóstol se lanza a la preocupación teológica que genera su carta. En la primera mitad de la carta él discute, defiende, incrementa su elocuencia, y prueba su argumento. Luego, a la mitad de la carta, deja la teología y cambia, abruptamente, a lo práctico.

En los dos estudios previos hemos visto los temas teológicos en Colosas. Ahora nos moveremos a la sección práctica. Pero debemos tener en cuenta que aun lo práctico está fundamentado en la teología.

Pablo empieza el capítulo 3 con "Ya que…". Esta es su transición de la sección previa. En esa sección él estaba discutiendo la muerte espiritual de los colosenses con Cristo. Ahora está diciendo, "Ya que," han muerto y han resucitado con Cristo, algunas cosas son (o deberían ser) diferentes en sus vidas.

Su primer comentario es que el enfoque de sus vidas debe ser en "las cosas de arriba" y no en las "de la tierra" (3:2). Esta es una reminiscencia de Filipenses 3:20, donde Pablo nos recuerda que nuestra "ciudadanía está en el cielo", y de Mateo 6:21, donde Jesús explicó que "donde esté tu tesoro allí estará también tu corazón".

Debido a la expansión del Imperio Romano en territorios vastos y amplios, el mundo entero romano estaba muy consciente de de ciudadanía, reubicaciones y diferencias culturales de la una provincia a la siguiente. Pablo usa esta idea, comparando al cristiano con una persona viviendo en un país pero con ciudadanía de otro. Si las lealtades de esa persona estaban con el país de su ciudadanía y no con el del país de residencia, su estilo de vida sería diferente al del estilo de vida de sus vecinos.

Pablo continúa urgiendo a los colosenses a hacer morir todos los valores y comportamientos que pertenezcan al país de su residencia (y su antigua ciudadanía), en otras palabras, el mundo de "la naturaleza terrenal" (v. 5). Después enlista varios ejemplos específicos del tipo de valores y comportamientos a que se refiere en los versículos 5-6 y 8-9a.

Pero nunca se diga que el sistema de valores cristianos es simplemente una lista de "haz esto" y "no hagas aquello". Pablo avanza en los versos 10-17 para describir su libertad inherente en el estilo de vida cristiano. Él también cambia de imagen. Ahora está usando la metáfora de la vestimenta, notando que los colosenses "se han quitado el ropaje de la vieja naturaleza" y se "han puesto el de la nueva naturaleza". Continuando con esta idea, en el versículo 12 les exhorta a vestirse con ciertas características.

La idea aquí es que así como un hombre cambiaría sus ropas después de trabajar en el jardín antes de ir a una cena formal, así el cristiano ha cambiado de estilos de vida. Así como ese hombre estaría completamente fuera de lugar vistiendo su sucia camisa de trabajo en la cena, así el cristiano estaría fuera de lugar involucrándose en inmoralidad o impureza sexual (3:5). Y así como un hombre estaría correctamente vestido con corbata y esmoquin, un cristiano está correctamente vestido con compasión y amabilidad (v. 12).

Pablo termina el capítulo 3 con una versión corta de Efesios 5:21-6:9. Es interesante que se apresure con las instrucciones a viudas, esposos, hijos y padres, para enfocarse en esclavos y maestros. Sin duda esto es por su preocupación por Onésimo (4:9), a quien discutiremos en más detalles cuando estudiemos a Filemón.

En el capítulo 4, Pablo da algunas instrucciones acerca de la vida devota, incluyendo restricciones acerca de la oración y la conversación. Luego escribe saludos específicos a y acerca de varios colegas

CONÉCTATE CON LA PALABRA

Las siguientes historias ilustran las dos metáforas que Pablo usa: ciudadanía y vestimenta. Pida previamente a dos de sus estudiantes que se preparen para leer estas historias al inicio de su sesión.

El final de cada historia, quizá sea adecuado que conduzca una corta discusión usando las preguntas escritas como guías.

MARCOS Y LOS MUSULMANES

Marcos, un estudiante de primero de secundaria (o séptimo grado), y su familia estaban caminando por el aeropuerto hacia el área de recolección de equipaje, acabando de encontrar a su hermano mayor, Santiago, quien había volado a casa desde la universidad por las vacaciones de Primavera.

Marcos y Santiago caminaban juntos, varios metros enfrente de su familia, cuando de pronto Marcos se detuvo, señalando a una mujer frente a él y gritó, "¡Mira eso!"

"¡Cállate, menso!" Le dijo Santiago rápidamente. "¡Deja de apuntar!"

"¡Pero si está cubierta de negro de la cabeza a los pies!" Protestó Marcos. "¡Lo único que se le ve son los ojos! ¡Qué rarísimo!"

"Y fíjate que está caminando unos pasos atrás de ese hombre allá", señaló Santiago. "Ese es su esposo".

"Pero, ¿por qué no camina junto a él? ¿Está enojado con ella?" Preguntó Marcos. "¡Te apuesto que le avergüenza que lo vean en público con ella con esa ropa!"

"OK, cálmate y escucha", le instruyó Santiago. "Aprendí todo acerca de esa gente en mi clase de Culturas Mundiales en la universidad. Son musulmanes o miembros de la religión islámica. Probablemente están visitando los Estados Unidos desde algún país del Medio Oriente. Ella se viste así porque en su religión sólo el esposo de una mujer debe ver cualquier parte de ella, aún su rostro. Y ella camina detrás de él para mostrarle respeto. No están enojados. De hecho, ellos probablemente están tan enamorados como cualquier pareja. Sólo están haciendo lo que es correcto de acuerdo con su cultura".

"¡Pero están en nuestro país!" protestó Marcos. "¡Deben actuar como gente de nuestro país!"

"Ellos puede que estén en nuestro país", explicó Santiago, "pero no son de aquí. Son ciudadanos de otro país y en la medida de sus posibilidades ellos continuarán viviendo de acuerdo con las leyes y costumbres de su país natal. Si nosotros visitáramos Jordania o algún otro lugar, ¡no esperarías que mamá se pusiera ropas como esas y caminara cuatro pasos atrás de papá y nosotros, o sí!"

"¡De ninguna manera!" rió Marcos.

"¿Ves cómo funciona hermanito? Tú vives por las creencias y valores de tu hogar, no por los de tu residencia temporal".

"¡Wow! Eso es tremendo", concluyó Marcos.

1. ¿Ha estado alguno de ustedes en alguna parte donde se ha sentido fuera de lugar por sus ropas o hábitos?
2. ¿Debería la pareja musulmana cambiar sólo porque están en otro país?
3. ¿Te gustaría adoptar costumbres musulmanas si estuvieras viajando por el Medio Este?

CHAD Y LA CENA DE CORBATA NEGRA

Chad había estado saliendo con Karen, quien provenía de una familia muy adinerada, por unas cuantas semanas cuando ella le pidió que fuera a una cena con ella. "Es patrocinada por la compañía de papá y es muy formal", le dijo. "Corbata negra y todo".

Chad aceptó su invitación pero no estaba

seguro en lo que se estaba metiendo. Así que supuso que su nuevo suéter estaría bien. Sin embargo, cuando le dijo a su mamá sobre la cena y sus planes de guardarropa, ella se rió.

"'Corbata negra significa que la cena es formal, Chad', le explicó "Tendrás que rentar un esmoquin. Espero que tengas algún dinero ahorrado porque lo necesitarás".

Una semana más tarde, Chad esta vestido con su esmoquin rentado, junto con su camisa plisada, con mancuernillas en lugar de botones, una corbata negra de moño y faja. "Me siento como el jefe de meseros en el Restaurante Antonio", se quejó.

Justo cuando iba a salir por la puerta para recoger a Karen, su padre lo detuvo. "Un momento, Sr. 'Catrín'. No puedes salir con esos zapatos puestos".

"¿Qué tiene de malo?" protestó Chad, "pasé una hora puliéndolos".

"Son casuales", explicó su padre. "Cuando usas ropa formal necesitas zapatos formales. Tengo un par de zapatos de vestir que creo que ayudarán. Estarán un poco apretados para el tamaño de tus pies pero al menos no parecerás granjero en esa elegante cena".

1. ¿Qué crees que hubiera pasado si Chad hubiera ido a la cena usando sus zapatos casuales?

2. ¿Crees que Chad hubiera podido ir a la cena vestido de cualquier forma que él hubiera querido?

3. ¿Qué es lo que probablemente tendrá que hacer Chad si continúa saliendo con Karen?

EXPLORA LA PALABRA

1. Ropas viejas, ropas nuevas

Introduzca la porción del pasaje bíblico de esta lección comunicando a sus estudiantes la esencia de los siguientes párrafos. Este ejercicio continuará explorando las metáforas de "ciudadanía" y "ropas nuevas" que discutimos en el ejercicio previo. Sus estudiantes descubrirán exactamente lo que Pablo tiene que decir acerca de estos temas sobre los colosenses y cómo estas mismas verdades se pueden aplicar a nosotros hoy.

Diga, La sesión pasada dijimos que la gente a la que el apóstol Pablo le está escribiendo en Colosas son definitivamente cristianos. Pablo empieza Colosenses 3 con esa idea: "ya que…" son cristianos, escribe, actúen como cristianos. Luego, les da algunos ejemplos específicos de lo que quiere decir. Les dice lo que ellos no deben hacer y lo que deberían estar haciendo.

Antes de que piense que esta es otra lista de "haz" y "no hagas", veamos lo que Pablo tiene que decir para saber exactamente lo que quiere decir.

Asigne los siguientes versículos a los estudiantes y que los lean en voz alta:

—Filipenses 3:20

—Mateo 6:19-21

—Colosenses 3:1-2

—Colosenses 3:7

—Colosenses 3:9-10

—Colosenses 3:12

Identifiquen juntos las dos metáforas usadas en estos versículos. Discuta con sus estudiantes por qué Pablo dice que los colosenses deberían estar viviendo por un conjunto diferente de comportamientos y actitudes que la gente alrededor de ellos.

Enlace las dos historias que leyó en la actividad previa: Así como la pareja musulmana en la primera historia que leímos, Pablo les dice a los cristianos que deben vivir de acuerdo con los valores y reglas de su "hogar" (el cielo) en lugar de los valores y reglas de su "residencia temporal" (la tierra).

Y así como Chad en la segunda historia, cuando los cristianos se ponen sus "ropa nueva" espirituales, necesitan asegurarse que el cambio sea completo y que no hayan olvidado partes de sus "ropa vieja" entre las nuevas.

Aliente a sus estudiantes a no conformarse con las respuestas fáciles, superficiales, sino a identificar aquellas actitudes y cualidades que deberíamos evitar o adoptar. (Si tiene poco tiempo, puede dividir a la clase en dos grupos, poniendo a cada grupo a trabajar en una columna. Asegúrese que los grupos compartan su trabajo con toda la clase antes de continuar).

2. ¿Qué hace a un "cristiano"?

Esta actividad incluye tres preguntas de discusión para que las discutan como grupo.

La primera debe ilustrar que sólo adoptar el comportamiento de otra cultura no nos hace miembros de esa cultura. La segunda pregunta debe ilustrar que el problema de Chad era que simplemente se estaba vistiendo como una persona rica sin serlo realmente.

La tercera pregunta le da a la clase algunas características que pueden o no usar para dis-tinguir entre un cristiano y un no cristiano. Deje que su grupo piense acerca de esto y seleccione la o las características que piensan les pueden funcionar. Si seleccionan alguna, pregúntele al grupo si éstas verdaderamente son distintivas. Por ejemplo, aún cuando es cierto que un cristiano no miente, muchos no cristianos tampoco mienten. De hecho, cada una de estas cualidades externas puede ser de un cristiano así como de un no cristiano.

Entonces, ¿cuál es la diferencia? Guíe a su clase al entendimiento de que la verdadera diferencia es interna. Hay un cambio que ocurre en el corazón, mente y alma de una persona cuando se convierte en cristiana. Aún cuando los cambios externos acompañan los cambios internos, estos no definen lo que es un cristiano.

• Si la mamá de Santiago y Marcos (primera historia) se pusiera ropas negras de la cabeza a los pies y caminara cuatro pasos atrás de los hombres de su familia, ¿la haría esto musulmana? ¿Por qué sí o por qué no?

• ¿Por qué Chad (segunda historia) no se dio cuenta que sus zapatos no estaban acorde con el resto de su vestuario? ¿Ponerse ropas caras lo hizo una persona rica como Karen y el resto de su familia? ¿Por qué sí o por qué no?

• ¿Cuál es la diferencia entre un cristiano y un no cristiano? ¿Considera algunas posibilidades:

–Un cristiano no maldice (malas palabras).

–Un cristiano no miente.

– Un cristiano va a la iglesia regularmente.

- Un cristiano es compasivo.

- Un cristiano no roba.

– Un cristiano ama a su familia.

¿Funcionan estas cosas para distinguir a un cristiano de un no cristiano? ¿Por qué sí o por qué no?

EXPERIMENTA LA PALABRA

¿Dónde está tu tesoro?

Lea a su clase estos dos versículos:

• Porque donde esté tu tesoro, allí estará también tu corazón (Mateo 6:21).

• Busquen las cosas de arriba donde está Cristo sentado a la derecha de Dios… en las cosas de arriba, no en las de la tierra (Colosenses 3:1-2).

Después, lentamente lean las preguntas que siguen, sin pedir una respuesta oral o escrita. Las siguientes preguntas ilustran el doble enfoque de esta lección.

• ¿Dónde está tu tesoro? ¿En qué están puestos tu mente y corazón?

• ¿Estás simplemente viviendo por las reglas y costumbres del cielo, cuando tu ciudadanía realmente está en la tierra? ¿Estás vistiendo ropas nuevas cuando aún eres la vieja persona? ¿O eres un ciudadano del cielo que todavía tiene algunas costumbres de la tierra?

• ¿Has cambiado genuinamente, pero todavía tienes algo en tu vida que es parte de tu viejo guardarropa, algo a lo que te aferras, sólo porque no has sido lo suficientemente valiente, o no has confiado lo suficiente, o comprometido lo suficiente como para hacerlo a un lado?

• ¿Sobre qué necesitas orar?

Algunas de estas preguntas están dirigidas a los estudiantes que están actuando como cristianos pero que nunca han tenido la experiencia transformadora de aceptar a Jesús en sus vidas. Evite que esto se convierta en un momento alimentado por la culpa. No estamos hablando de hipócritas. Estamos hablando de jóvenes que están tratando de ser cristianos pero que tienen la idea equivocada de lo que se necesita.

Otras preguntas anteriores hablan a sus estudiantes cristianos que todavía pueden tener en sus vidas actitudes o hábitos de sus vidas no cristianas.

Sea sensible al estado de ánimo del grupo y al Espíritu Santo al concluir esta lección. Las preguntas que usted ha hecho pueden haberle permitido al Espíritu Santo hablar a uno o más de sus estudiantes. Puede que necesiten tiempo para orar y tal vez que alguien les ayude a hacerlo. Tal vez ayudaría cerrar cantando un coro. No apresure la conclusión de la lección.

PASAJE BÍBLICO: Filemón 1-25

VERSÍCULO CLAVE: "Así también ustedes, manténganse firmes y aguarden con paciencia la venida del Señor, que ya se acerca" (Santiago 5:8).

OBJETIVOS DE ENSEÑANZA

Ayudar a los estudiantes a:

1. Entender que en el Cuerpo de Cristo no debe haber barreras artificiales para el compañerismo y el amor.

2. Desear la hermandad con personas de todas las razas, culturas y géneros.

3. Examinar sus propias vidas para eliminar rasgos de prejuicio

PERSPECTIVA

A pesar de las impresionantes ganancias hechas por los americanos negros en los 60 y 70, el prejuicio racial parece ser tan fuerte ahora como nunca. Y conforme los Estados Unidos se poblaron más por personas de origen hispano, asiático y del Medio Oriente, el prejuicio racial se ha extendido a más grupos.

Sería iluso pensar que nuestros jóvenes son inmunes a este tipo de pensamiento. Aún nuestros jóvenes que son miembros de grupos minoritarios están expuestos al prejuicio de la mayoría u otras minorías étnicas.

Esta lección estudia la carta de Pablo a Filemón para considerar la respuesta cristiana a las barreras artificiales a la raza, cultura y género

ANTECEDENTE BÍBLICO

La carta de Pablo a Filemón es un libro único. Es uno de los pocos libros de un capítulo en el Nuevo Testamento. Y diferente a las otras epístolas paulinas que hemos cubierto en este estudio, Filemón es una carta personal, dirigida a un individuo personal en lugar de a una congregación.

Pablo escribe esta breve carta a su amigo y compañero cristiano, Filemón, un miembro de la congregación de Colosas. Esta carta fue escrita al mismo tiempo que la carta a los Colosenses y fue llevada, junto con esa carta, a Colosas por Tíquico y Onésimo (ver Colosenses 4:7-9).

Uno de los portadores de estas dos cartas, Onésimo, es el sujeto de la carta del apóstol a Filemón. Onésimo era un antiguo esclavo de Filemón y aparentemente había huido, tal vez robando dinero o posesiones de su amo (ver v. 18). De alguna manera Onésimo terminó en Roma. Aunque no se nos dice cómo, se puso en contacto con Pablo. Bajo la influencia del apóstol, el esclavo fugitivo se convirtió en cristiano (vv. 10, 16). Después de su conversión, Onésimo se volvió ayudante de Pablo (vv. 11, 13). También se ganó el afecto de Pablo. El apóstol se refiere a él como su "hijo" (v. 10) y que con él va su "propio corazón" (v. 12).

Pero debido al respeto de Pablo para Filemón (v. 14), el apóstol está enviando al fugitivo de regreso a casa. Esto también era riesgoso. El castigo para un esclavo fugitivo podía ser virtualmente cualquier cosa que el dueño deseara, incluyendo la muerte.

Aunque, como apóstol, Pablo sintió que tenía el derecho de ordenarle a Filemón que liberara a Onésimo (v. 8), en lugar de eso escogió apelar al dueño del esclavo "en nombre del amor" (v. 9). Esta carta está ricamente impregnada con el aroma de la persuasión.

A pesar de la calidez y belleza, esta carta ha causado dificultades a través de los siglos desde que fue escrita. Aunque el propósito de la carta es liberar al esclavo Onésimo, en ninguna parte de la carta Pablo comenta sobre la institución de la esclavitud. Ni la condena, ni condena a Filemón por practicarla. Seguramente Filemón no era el único propietario de esclavos en la congregación de Colosas, y probablemente tenía otros esclavos además de Onésimo. Pero Pablo no ruega por la liberación de estos otros esclavos, sólo por Onésimo.

Los partidarios de la esclavitud a través de los siglos, incluyendo aquellos en los Estados Unidos en la primera mitad del siglo XIX, han usado este libro como prueba de que la esclavitud es aprobada por Dios. Otros pasajes paulinos, como Efesios 6:5-5 y Colosenses 3:22-25, tampoco han ayudado mucho.

Pero el silencio de Pablo sobre la institución de la esclavitud no puede ser tomada como una aprobación tácita. La esclavitud ha sido un hecho en la vida de casi todas las sociedades hasta el Imperio Romano. Y en el Imperio Romano estaba por todas partes. Se ha estimado que los esclavos constituían un tercio de la población de Roma y otras ciudades principales.

Como esta carta estaba dirigida a un individuo, es natural que Pablo no intentara en ella atacar a una de las más grandes y más arraigadas instituciones de la sociedad. Simplemente estaba haciendo su parte para combatir la esclavitud donde él podía.

No se puede pasar por alto que esta carta debe haber tenido mucha influencia en la iglesia de Colosas. La reaparición de Onésimo con Tíquico fue un evento público. Sin duda la iglesia entera sabía de las circunstancias y del contenido de la carta de Pablo. Asumiendo que Filemón le concedió a Onésimo su libertad, ciertamente se sentó un precedente.

Tampoco se puede dejar de mencionar que la base para el argumento de Pablo, que Filemón y Onésimo eran de hecho hermanos en Cristo, se aplicaba a la mayoría de los propietarios de esclavos. (Usualmente cuando el amo de la casa se convertía en cristiano, toda la casa le seguía). En tanto que Pablo no se promulga por la abolición de la esclavitud en esta carta, la aplicación de este principio podría hacerlo.

Esta carta debe ser leída a la luz de otros tres pasajes paulinos: 1 Corintios 12:13; Gálatas 3:28; y Colosenses 3:11. Veamos el segundo de estos tres pasajes, Gálatas 3.28. "Ya no hay judío ni griego, esclavo ni libre, hombre ni mujer, sino que todos ustedes son uno en Cristo Jesús".

Es claro en estos pasajes que Pablo no toleraba barreras artificiales a la hermandad y al compañerismo en el Cuerpo de Cristo. Ninguna raza, estatus social, ni género debe separar a los discípulos. Este concepto fue crucial al llevar el evangelio al mundo. Y es crucial en una sociedad multinacional y pluralista como en la que vivimos.

CONÉCTATE CON LA PALABRA

Es mejor ser. . .

Empiece esta lección pidiéndoles a sus jóvenes completar la encuesta impresa en la hoja Es mejor ser... Ellos deberán decidir cuál es la mejor característica en cada grupo de características.

Después de que cada individuo haya escrito sus respuestas, pida que levanten las manos en cada punto de las características de grupo.

Recuerde que a sus estudiantes se les ha pedido marcar un artículo en cada grupo. Si siguen las instrucciones, ¡habrán sido obligados a hacer declaraciones prejuiciosas!

Pregunte a sus estudiantes si las opciones que hicieron fueron fáciles o difíciles. Lea en voz alta Filemón 17-20. Pregunte a sus estudiantes por qué creen ellos que sea necesario que Pablo enfatizara la bienvenida de Onésimo como si recibieran a Pablo. ¿Por qué no asumía Pablo que serían tan buenos para recibir a Onésimo como lo serían con él? Señale que el hecho de aceptar o no aceptar a otros con frecuencia está relacionado con el prejuicio. Enfatice que pensar de forma prejuiciosa es con frecuencia más fácil de lo que pensamos. Pero en Cristo Jesús todos somos iguales. Es importante vernos unos a otros como Cristo nos ve.

EXPLORA LA PALABRA

1. ¡Consigue esa historia!

El libro de Filemón es una carta personal del apóstol Pablo a un individuo de la congregación de Colosas llamado Filemón. Al irla leyendo, se darán cuenta que hay una historia fascinante allí, pero tendrán que trabajar para encontrarla. Deben buscar claves, leer entre líneas, y unir varios versículos. Primero, lee la carta entera (es sólo un capítulo) y luego contesta estas preguntas:

1. ¿Quién es Filemón?

2. ¿Quién es Onésimo?

3. ¿Cuál es la historia? ¿Qué pasó…

    a. antes que Onésimo conociera a Pablo?

    b. mientras Onésimo estaba en Roma con Pablo?

    c. mientras Pablo estaba escribiendo y enviando esta carta?

4. Como te dará cuenta, esta es una historia sin terminar. El final depende de Filemón. ¿Cómo quiere Pablo que Filemón termine la historia?

La segunda parte le ayuda a sus estudiantes a entender el sentido de la historia. Sus estudiantes encontrarán esta actividad similar a la que han estado haciendo en su guía del estudiante. Trabaje en pares o en grupos pequeños para obtener un pensamiento y discusión más profundos. Después que hayan respondido el segundo grupo de preguntas pida que escriban sus respuestas y que compartan lo que han escrito. Asegúrese que el principio de la aceptación completa y amor, sin barreras artificiales, sea bien entendido para su grupo antes que pasen a la siguiente actividad.

2. ¡Consigue ese significado!

A pesar de lo interesante de la historia, el significado es aún más importante. Si este libro no tuviera algo que decir a todos los cristianos, incluyéndolos a ustedes, no estaría en la Biblia. Veamos si podemos encontrar el significado.

1. ¿Cuál era la relación de Pablo con Filemón, el propietario del esclavo?

2. ¿Cuál era la relación de Pablo con Onésimo, el esclavo?

3. ¿Cuál indicó Pablo que era la relación ahora entre Filemón y Onésimo? (v. 16)?

4. En todas estas relaciones, ¿qué diferencia marcó el estatus social?

5. Ahora lee otros tres versículos escritos por Pablo: 1 Corintios 12:13; Gálatas 3:28; y Colosenses 3:11. ¿Cuál es el principio que Pablo está dándonos en estos versículos?

6. ¿Cómo ilustra este principio la historia de Onésimo y Filemón?

EXPERIMENTA LA PALABRA

En nombre del amor

Distribuya copias de la hoja de trabajo En nombre del amor a su clase. Pida a sus estudiantes revisar esta lista de tipos de individuos contra los que en ocasiones tenemos prejuicios. Aliente a sus estudiantes a marcar cualquier artículo que les haga menospreciar a los individuos. Asegúreles a sus estudiantes que no se les pedirá que compartan cómo respondieron a esta lista.

Después que los estudiantes hayan tenido unos minutos a solas para trabajar, léales Filemón 9 y 16. Enfatice que es el amor lo que destruye el prejuicio. Déle a su clase unos momentos para reflexionar sobre esta lección. Concluya según sienta que sea lo más apropiado.

ESGRIMA BÍBLICO
UNA PERSPECTIVA

¿QUÉ ES EL ESGRIMA BÍBLICO?

Es un ministerio que ayuda a sus jóvenes a aprender sobre las Escrituras. En cada competencia hay preguntas sobre una porción previamente anunciada de las Escrituras y los equipos compiten para responder correctamente esas preguntas.

El verso lema oficial de la Juventud Nazarena Internacional es 1 Timoteo 4:12 - *"Que nadie te menosprecie por ser joven. Al contrario, que los creyentes vean en ti un ejemplo a seguir en la manera de hablar, en la conducta, y en amor, fe y pureza"* (NVI). El propósito del Esgrima Bíblico es ayudar a cultivar las acciones, actitudes, y estilo de vida necesarios para lograr este slogan. El Esgrima Bíblico pretende cumplirlo a través una táctica dividida en estas áreas diferentes:

• Una avenida de Estudio Bíblico significativo para que los jóvenes obtengan un conocimiento profundo e íntimo de las Escrituras.

• Una forma de incrementar el compañerismo y la interacción entre los jóve-nes y el mundo.

• Una parte integral alcance y discipulado de la iglesia local y el ministerio juvenil.

• Un medio de entrenamiento y mentoreo del liderazgo juvenil.

• Un catalizador para alentar la participación active en proyectos de ministe-rio y misiones.

• Un puente para construir relaciones entre los jóvenes de diferentes regiones mundiales.

• Una arena para una emocionante competencia cristiana.

Las reglas solas nunca podrán prevenir tácticas no deportivas. Sin embargo, estas reglas son necesarias para que el aspecto competitivo del Esgrima Bíblico sea claro y consistente. Cada individuo asociado con el Esgrima deberá mantener la integridad e intención de estas reglas y guías. Cualquier intento de ganar ventaja quebrantando el reglamento constituye una falta de ética y perjudica el ministerio del Esgrima Bíblico Juvenil, así como a todos aquellos que se benefician del mismo. Todo participante y adiestrador tiene la responsabilidad de observar las normas cristianas en cada situación, tanto en el Esgrima Bíblico Juvenil como fuera de éste. Cualquier crítica dirigida a los oficiales sobre sus decisiones constituye una violación al código ético del Esgrima Bíblico juvenil.

¿CÓMO ORGANIZAR UN MINISTERIO DE ESGRIMA BÍBLICO?

1. Los equipos para todas las competencias oficiales de esgrima estarán formados por jóvenes dentro de la edad comprendida en el enfoque de la Juventud Nazarena Internacional * (Interpretaciones).

2. Todos los concursantes deberán asistir regularmente a la iglesia y ser miembros de la Juven-

tud Nazarena Internacional.

3. Cinco personas forman un equipo, de los cuales uno será designado como sustituto * (Interpretaciones).

4. Un adulto puede participar como adiestrador en la plataforma.

5. El año de Esgrima Bíblico dependerá de lo que funcione mejor para el distrito, área o región.

6. Cada año hay un libro (o libros) del Nuevo Testamento que se usa como material de recurso para las preguntas de la competencia.

A continuación está el ciclo de 8 años que se usa en la comunidad del Esgrima Bíblico.

• Romanos y Santiago

• Hechos

• Gálatas, Efesios, Filipenses, Colosenses, Filemón

• Lucas

• 1 y 2 Corintios

• Juan

• Hebreos y 1 y 2 Pedro

• Mateo

Después el ciclo inicia de nuevo.

¿CÓMO ORGANIZAR UNA REUNIÓN DE ESGRIMA BIBLICO?

1. Antes de la reunión, el líder debe leer y estudiar el material a cubrir durante la reunión. Pida la guía del Señor.

2. El líder debe llegar temprano a la iglesia don-de se tundra el estudio bíblico para prepararlo todo.

3. El grupo puede jugar un juego que le ayude a empezar a pensar en la Escritura a estudiarse.

4. Oren juntos.

5. Lean el material juntos en voz alta. Den tiempo para hacer preguntas sobre el pasaje. Ayude a todos en el grupo a entender lo que la Escritura significa.

6. Permita que Dios hable durante el mensaje del texto. Comparta una anécdota o experiencia personal que se relacione con la Escritura.

7. Dé un tiempo para más preguntas o información sobre lo que están entendiendo.

8. Hable sobre qué clase de respuesta pide la Escritura en la vida de la iglesia o en las vidas individuales.

9. Termine con una oración.

10. Aliente el estudio del material de la siguiente reunión. Entregue una hoja de papel con el material de la siguiente reunión, la hora, el lugar y algunas preguntas de estudios.

¿CÓMO ORGANIZAR UNA SESIÓN DE PRÁCTICA?

1. Después del estudio bíblico o en un tiempo aparte durante la semana, practique para la competencia.

2. Aliente la memorización de los versículos importantes; pasen algún tiempo memorizando y dando citas de memoria unos a otros.

3. Haga un juego de aprendizaje para que el grupo se familiarice con el material a ser estu-

diado (ej. Ahorcado, Adivínelo con señas, etc.).

4. Haga preguntas del material estudiado.

5. Divida al grupo y compitan unos contra otros.

6. Mantenga el enfoque en conocer y entender la Palabra y no en ganar o perder.

7. Deje tareas de estudio para la siguiente práctica.

DESCRIPCIÓN DE TRABAJO DEL ADIESTRADOR

1. Planear y asistir a las prácticas

2. Buscar personal para las prácticas y competencias

3. Arreglar viajes de invitación dentro del distrito y adiestrar a un equipo

4. Planear y participar en viajes a torneos fuera del distrito

5. Contactar a los competidores semanalmente usando notas (puede ser un correo electrónico) o teléfono

6. Demostrar un buen espíritu de competencia en todos los eventos de esgrima

7. Demostrar y hacer disponible el interés en la Palabra de Dios

8. Planear fiestas de esgrima al menos dos veces al año

9. Reclutar a nuevos competidores y adiestradores

10. Planear una competencia de exhibición con un pastor local

11. Mentorear a los adiestradores asistentes

12. Organizar devocionales en la práctica

13. Llevar un registro estadístico de las competencias

14. Administrar un presupuesto de esgrima si la JNI local lo asigna

15. Ordenar el material de esgrima (pedirlo al presidente de Distrito o a la región)

16. Llevar un calendario de esgrima organizado y mantener a los padres de los competidores al día

17. Mantener a los pastores locales al día sobre el estado del ministerio de Esgrima Bíblico. Alentar los anuncios, asegurarse de que los eventos estén en el calendario de la iglesia y de la JNI e interactúen con el pastor regularmente.

18. Producir un boletín informativo para mantener a todos, especialmente los padres, al día.

19. Asistir a actividades no relacionadas con el Esgrima Bíblico en las que los competidores estén involucrados. Por ejemplo, un partido de futbol, una obra de teatro escolar, etc.

20. Integrar al resto del grupo juvenil. Involúcrese en otras actividades con los jóvenes y trabajen juntos con el presidente de la JNI o pastor de jóvenes. Se sentirán más en confianza con usted cuando usted se involucre.

RESPONSABILIDADES DEL ADIESTRADOR ASISTENTE

1. Asistir a las prácticas y ayudar con las actividades de Esgrima – sea moderador o anotador

2. Adiestrar en las competencias de invitación o torneos de distrito

3. Llamar a los competidores durante la semana para animarlos a estudiar y ver cómo están las cosas

4. Revisar la memoria de los competidores en los versículos para memorizar en las prácticas

5. Suplir al adiestrador en su ausencia

6. Ayudar a dirigir los devocionales

7. Ayudar a la formación del equipo –opinar sobre cómo van los competidores y compartirlo con el adiestrador

¿CÓMO MOTIVAR?

Cada individuo tiene una agenda personal, una "Verdadera razón" por al que quiere estar en el equipo de esgrima. Esa agenda personal es la clave para motivar a cada persona.

Se ha dicho que la única motivación verdadera es la auto motivación. Si eso es cierto, entonces nuestra responsabilidad es quitar las barreras que desmotivan espiritualmente a una persona. Algunos factores que pueden limitar la motivación de un competidor son el temor al fracaso, el no tener éxito, la falta de emoción, la falta de desafíos y no ver lo que son capaces de lograr en la competencia.

Un competidor puede estar menos motivado porque no se da cuenta de lo que es capaz de lograr. Cuando un competidor experimenta el éxito o ve lo que puede lograr, se entusiasma más. Nuestra meta debe ser ayudarles a tener grandes sueños y el deseo de hacerlo lo mejor posible.

A los competidores les gusta involucrarse en cosas que les provean un sentido de éxito. Si ellos perciben que no han tenido éxito entonces ello son darán más que el esfuerzo mínimo re-

querido o lo dejarán todo. Deben también tener un sentido de seguridad y confianza dentro del grupo. Si no se sienten seguros o aceptados muchos competidores no querrán arriesgarse a fracasar.

Lo que más hace diferente al esgrima de cualquier otro estudio bíblico es el factor de la competencia. Este factor también es una clave para motivar a la mayoría de los esgrimistas. A la mayoría de las personas les gusta ganar y con frecuencia harán lo que sea para ganar siempre y cuando cuenten con el ambiente adecuado. La mayoría de los competidores están naturalmente motivados por la competencia, pero les falta seguridad y la visión para darse un empujoncito.

Ver y saber que hay más por alcanzar puede ser el desafío necesario para motivar. Ayudarles a ver lo que pueden lograr su trabajan duro. Dejarlos ver verdaderamente buenas competencias de esgrima, presentarles a buenos competidores individuales y que vean ceremonias de premiación. Discutir qué necesitan para lograr lo que acaban de ver. Puede llevar algún tiempo convencerlos de que pueden lograr lo mismo.

Ayúdeles a crear metas individuales y de grupo. Haga algunas de estas fácilmente obtenibles y otras que requieran una gran fuerza de voluntad para lograrlas. La mayoría de los esgrimistas también necesitan ver cuán exitosos han sido antes de tratar intentar lograr más. Cada uno de nosotros es normalmente nuestro crítico más duro. Aproveche cada oportunidad que tenga para señalar los éxitos, sin importar cuán pequeños sean. Busque cosas con qué halagar a cada competidor.

La verdadera motivación es interna pero los factores externos pueden jugar un papel muy importante en la motivación. Considere estas ideas cuando esté motivando.

• Ponga un buen ejemplo – su entusiasmo se les contagiará

• Establezca metas apropiadas – cree metas múltiples incluyendo algunas que los desafíen

• Dé mucha retroalimentación – anime primero y luego lo que hay que mejorar

• Ayude a los esgrimistas a medir el éxito comparado son sí mismos no con otros

• Provea incentivos para alcanzar las metas

• Lleve un récord de las anotaciones personales y los premios

• Haga viajes a torneos

• Permita a los competidores la oportunidad de ser moderadores cuando alcancen ciertas metas como salir por cuatro respuestas correctas o estudiar cierta cantidad de capítulos

• Provea reconocimiento público en la iglesia

Otra forma efectiva para motivar es crear algunos premios anuales, siéntase libre para inventor los suyos. Asegúrese de que los esgrimistas sepan exactamente cómo pueden ganar estos premios y trate de tenerlos al día sobre cómo van si es que el premio se presta para ello.

ORGANIZANDO UN TORNEO DE ESGRIMA BÍBLICO

¿QUÉ HACER ANTES DEL TORNEO?

1. Anuncie claramente a todos los participantes, adiestradores y oficiales los detalles del Esgrima (fecha, hora y lugar, qué estudiar, etc.)

2. Prepare las preguntas

    a. Escribas las preguntas o use las que vienen preparadas.

    b. Haga juegos de 22 ó 23 preguntas (Eso es para las 20 de competencia más extras que pueda requerir). Necesitará suficientes preguntas para todos los rounds.

3. Escoja un formato para la competencia (grupos, round-robin, etc.)

4. Haga arreglos para tener a todos los jueces y moderador. Si hay modo de tener competencias simultáneas prepare dos grupos de jueces y moderador.

5. Organice con alguien preparar la comida. Pude venderla o pedir que cada quien traiga su almuerzo.

6. Haga o compre los premios

    a. Escoja premios especiales (Biblias, libros, trofeos, etc.)

    b. Haga listones o tiras (individuales y por equipos)

7. Haga copias de las hojas de anotación

8. Haga una lista de los anuncios para el inicio de la competencia

9. Escoja a alguien para que dirija un corto devocional antes de empezar el torneo.

¿QUE HACER EL DIA DEL TORNEO?

1. Llegar al lugar de la competencia al menos un ahora antes para preparar el lugar.

2. Preparar artículos para llevar al torneo

    a. Hojas de anotación

b. Juegos de preguntas (sin dar a conocer previamente a los participantes)

c. Lápices o plumas para los jueces

d. Premios

e. Música (opcional)

3. Organizar la mesa

a. Una mesa y sillas para los jueces. (Un set para cada lugar de competencia)

b. 8 sillas para los competidores (más el adiestrador y suplente)

c. Sillas para los jueces

d. Micrófonos (opcional) - 1 para el moderador y 1 para los competidores

e. Grabadora y casetes de música

f. Premios

4. Inicie la competencia con un devocional y los anuncios

5. Después de la competencia

a. Sume los puntos y acomode a los esgrimistas según su puntuación

b. Entregue los premios

c. Ore

d. Limpie la iglesia

REGLAMENTO DEL ESGRIMA BÍBLICO

Esta es un versión abreviada del Reglamento del Esgrima Bíblico Juvenil, y tiene como propósito crear una comprensión clara y consistente de su forma de operación en todos los niveles. Las regiones pueden crear su propio reglamento o adoptar el modelo que es presentado en este libro.

Es importante reconocer que las reglas no pueden evitar tácticas injustas ni actitudes contrarias al buen espíritu de competencia. Sin embargo, toda persona relacionada con el Esgrima Bíblico Juvenil tiene la responsabilidad de apegarse al propósito del ministerio y mostrar una conducta que promueva la fe cristiana.

MÉTODOS DE COMPETENCIA - Antes de cualquier competencia, el moderador debe elegir el método de competencia (equipo electrónico o jueces de salto) para todos los equipos. Los métodos que serán usados deben ser claramente indicados a los oficiales, adiestradores y capitanes del equipo antes de empezar la competencia.

EL EQUIPO
Torneos Locales

1. Los equipos para todas las competencias oficiales de esgrima estarán formados por jóvenes dentro de la edad comprendida en el enfoque de la Juventud Nazarena Internacional.

2. Un equipo puede componerse de menos de cinco personas. Puede componerse también de más de cinco por equipo durante un torneo; sin embargo, sólo un máximo de cinco por equipo participarán durante toda una competencia (por ejemplo: podrá haber seis por rotación si uno de ellos descansa durante cada competencia). Cuatro serán los titulares y el quinto será el suplente.

3. Requisitos del Equipo:

    a. Todos los concursantes deberán asistir regularmente a la iglesia y ser miembros de la Juventud Nazarena Internacional.

    b. Cinco personas forman un equipo, de los cuales uno será designado como sustituto * (Interpretaciones).

    c. Un adulto puede participar como adiestrador en la plataforma.

4. Podrán organizarse entre iglesias cuantos torneos y competencias se deseen para proveer oportunidad de competir en el año eclesiástico.

LOS OFICIALES DE LA COMPETENCIA

A. El director de competencias – Es la persona que organiza el torneo. Sus responsabilidades incluyen:

1. Organizar el método de competencia o torneo.

2. Tener la responsabilidad de nombrar a todos los oficiales para el torneo.

3. Obtener o preparar suficientes preguntas para el uso en la competencia.

4. Supervisar el desarrollo de las competencias, que incluye la publicidad, información de la fecha y lugar del torneo, adquisición y distribución de los trofeos o premios (si hubiere alguno), etc.

5. El Director de Competencias puede ser el Director de Esgrima del distrito

B. El moderador

1. El moderador de esgrima debe ser imparcial.

2. El moderador debe reunirse con todos los oficiales y adiestradores antes de la competencia para explicar la interpretación de las reglas que se usaran y para ponerse de acuerdo con el método de competencia que se utilizara.

3. El moderador de esgrima:

    a. Informará a todos los jueces acerca de las reglas.

    b. Dará copia de las preguntas que se usarán en cada competencia al juez de contenido.

    c. Llamará la atención a cualquier infracción cometida.

    d. Leerá cada pregunta a los concursantes.

    e. Si se utiliza equipo electrónico de salto, el moderador reconocerá el número del primer concursante que se levante.

    f. Decidirá si la respuesta a una pregunta está correcta o la referirá al juez de contenido para tomar con éste una decisión.

    g. Consultará las objeciones con el juez de contenido para tomar una decisión.

    h. Repetirá toda la pregunta de gracia al (a los) concursante(s) contrario(s) con el número correspondiente en caso de error de un equipo.

    i. Decidirá en todas las apelaciones si no se leyó claramente una pregunta, si hubo material erróneo en la pregunta, o interferencia de ruido *(Interpretaciones).

    j. En caso de que la puntuación no esté visible al público, la anunciará periódicamente.

    k. Juntamente con el juez de contenido, escuchará y dará el fallo a las respuestas en privado.

4. La interpretación de las reglas hecha por el moderador de esgrima es final.

C. Anotador

1. El anotador deberá ser imparcial.

2. Sólo el registro del anotador se tomará como oficial.

3. El anotador deberá registrar la alineación de

los concursantes de los equipos.

4. El anotador deberá registrar los puntos a favor o en contra de cada individuo y cada equipo.

5. El anotador deberá notificar al moderador de esgrima cuando un concursante:

   a. haya contestado cuatro preguntas correctamente.

   b. haya cometido tres errores.

   c. haya cometido tres infracciones.

6. El anotador deberá notificar al moderador de esgrima cuando un equipo:

   a. haya cometido cinco errores.

   b. tenga dos objeciones rechazadas.

   c. deba hacer sustitución de algún concursante.

   d. haya cometido infracciones pares (segundo, cuarto, etc.).

7. El anotador deberá registrar la puntuación final individual y por equipo.

8. El anotador deberá notificar al moderador de esgrima la puntuación periódicamente y la puntuación final.

9. Dos anotadores deberán registrar la puntuación oficial, los errores y las infracciones en todas las competencias regionales e internacionales.

EL TORNEO

1. Duración del torneo.

   a. Hay 20 preguntas en un cada competencia

   b. Si hay un empate después de las 20 preguntas habrá un desempate con preguntas hasta que el empate se rompa. Sólo una pregunta es necesaria para romper el empate, a menos que nadie la conteste.

2. Composición de los equipos

   a. Cada equipo debe dar los nombres de sus competidores al anotador antes de que se lea la primera pregunta.

   b. El capitán y capitán suplente del equipo deben ser designados antes de leer la primera pregunta.

3. Tiempo fuera.

   a. Un tiempo fuera dura un minuto y sólo se puede pedir entre preguntas y nunca después de la pregunta 18.

   b. Cada equipo puede pedir dos tiempos fuera por competencia y sólo el capitán, adiestrador o uno de los oficiales puede hacerlo.

4. Substituciones

   a. El adiestrador sólo puede cambiar a un esgrimista durante un tiempo fuera. El competidor que deja la competencia se convierte en sustituto y puede regresar más tarde. El sustituto regresa a la competencia automáticamente cuando uno de los esgrimistas responde correctamente 4 preguntas o comete 3 errores.

   b. Sólo un sustituto puede tomar el lugar de un competidor –dos competidores que estén compitiendo no pueden intercambiar lugares.

5. Preguntas

   a. Todas las preguntas se basarán en la Nueva Versión Internacional.

   b. No se podrá hacer objeción a ninguna pregunta.

   c. Si la pregunta contiene información errónea o no se lee bien, el moderador de esgrima podrá eliminarla.

   d. El capitán puede apelar al moderador de esgrima si la pregunta no se leyó bien, si contiene información errónea, o si no se pudo oír bien (interferencia de ruido), o si es ambigua

e. Una pregunta sólo se puede leer una vez

f. Si ningún esgrimista se para a responder la pregunta en los cinco segundos posteriores a su lectura, será considerada desierta. El moderador debe leer la respuesta y continuar. No se darán puntos por esa pregunta.

g. En cualquier momento antes de leer la siguiente pregunta el moderador puede eliminar una pregunta con información errónea o que no ha sido bien leída.

h. Un capitán puede apelar al moderador si hay información errónea en la pregunta, si la pregunta es mal leída o si la pregunta no pudo ser entendida por alguna interferencia.

6. Asientos electrónicos

a. El equipo usado para las competencias de esgrima bíblico se llama "equipo electrónico" o "asientos electrónicos". Los cojines son pegados a una caja en la mesa de los jueces. Cada cojín funciona como un switch que muestra con una luz quién saltó primero.

b. Cuando todas las luces están apagadas (todos los competidores sentados) el moderador puede empezar a leer la pregunta.

c. Cuando se esté leyendo la pregunta, el primer competidor que se levantar debe responderla.

d. El moderador observa la luz mientras está leyendo las preguntas.

e. Cuando una luz se enciende, el moderador para de leer y menciona el nombre del competidor cuya luz esté encendida.

Nota: La mayoría de los programas de esgrima no tendrán acceso a los asientos electrónicos para empezar. En ese caso, un juez de salto determinará quién saltó primero.

Respuestas

a. Después de ser identificado, el concursante deberá empezar a contestar dentro de los primeros 5 segundos

b. El concursante deberá completar su respuesta dentro de los siguientes 30 segundos

c. Sólo se considerará valida la primera respuesta

d. Todas las preguntas que empiecen con "Cite" o "Termine este versículo" se deben citar o completar palabra por palabra, al pie de la letra.

e. El moderador de esgrima no aceptará como respuesta correcta un versículo citado completamente cuando se pidan detalles específicos del versículo. Una pregunta de referencia pide información específica de un versículo particular. El concursante deberá dar la respuesta de acuerdo al versículo dado, y no al contexto global

DECISIONES DE LOS JUECES

El Moderador debe juzgar su las respuestas son correctas de esta manera:

1. Cuando el competidor da toda la información necesaria para la pregunta y la respuesta y se sienta, el moderador juzgará si la respuesta es correcta.

2. El moderador no debe interrumpir al competidor. La única excepción es cuando el competidor da suficiente información como para eliminar cualquier posibilidad de dar una respuesta correcta. Si se requiere más información, el moderador no dirá nada sino hasta que el competidor se siente y hayan terminado los 30 segundos del tiempo límite.

3. Si el moderador considera que la respuesta es "correcta" se darán los puntos al equipo y al competidor.

4. Si el moderador considera que la respuesta es

"incorrecta", se deducirán los puntos de la anotación del equipo y/o competidor (si es después de la pregunta 16) y se leerá una pregunta de gracia.

5. El moderador no dará por "incorrecta" una respuesta por un error de pronunciación.

ERRORES Y PREGUNTAS DE GRACIA

1. En caso de una respuesta incorrecta, se dará la oportunidad de contestar la pre-gunta de gracia al concursante del equipo contrario con el número correspondiente. Si son tres equipos, las respuestas a preguntas de gracia se darán en privado; uno al moderador y el otro al juez de contenido.

2. Entra en vigor el límite de tiempo de 5 y 30 segundos.

3. Cada respuesta correcta tiene el valor de 10 puntos para el equipo.

4. No se descontarán puntos por error en una respuesta incorrecta a una pregunta de gracia.

OBJECIONES Y APELACIONES

Si el capitán cree que se ha dado un fallo incorrecto sobre una respuesta, puede **objetar** esa decisión.

1. La objeción se deberá presentar antes de la siguiente pregunta.

2. El capitán no puede consultar con el moderador de esgrima, el adiestrador ni otros concursantes antes de la objeción.

3. El capitán puede objetar una decisión sobre una respuesta solamente una vez *(Interpretación).

4. No se puede objetar una respuesta a una pregunta de gracia.

5. Solamente el capitán puede hacer objeciones.

El *moderador* decidirá y dará el fallo sobre una objeción después de haber consultado con el juez de contenido.

1. El moderador de esgrima dará al (los) capitán(es) de el (los) equipo(s) opuesto(s) la oportunidad de refutar la objeción antes de que los jueces de contenido tomen una decisión

2. Si el juez de contenido necesita que se repita o explique la objeción o la refutación, el moderador de esgrima puede pedir que el capitán(es) repita(n) o explique(n) su (sus) comentario(s).

La *objeción* se debe rechazar cuando la sustancia de la objeción está errónea o el argumento no tiene peso suficiente como para que se cambie la decisión original.

1. Cuando una objeción se rechaza y el fallo original había sido "correcto", se deben adjudicar los puntos por la decisión "correcta".

2. Cuando una objeción se rechaza y el fallo original había sido "incorrecto" se deben descontar puntos por error, si se aplica al caso

3. Se descontarán diez puntos de la anotación del equipo por cada objeción rechazada.

La *objeción* se debe aceptar cuando la sustancia de la objeción está en lo correcto, y el argumento tiene validez como para cambiar la decisión original.

1. Cuando una objeción se acepta y el fallo original había sido "correcto", se debe cambiar a "incorrecto".

    a. Se descontarán los puntos por equipo e individuales adjudicados por la respuesta original.

    b. Los puntos por error del equipo e individuales se descontarán, si es aplicable.

c. Se hará una nueva pregunta de gracia.

2. Cuando se acepta una objeción y el fallo original había sido "incorrecto", se cambiará a "correcto".

a. Se adjudicarán puntos por la respuesta correcta.

b. Se eliminará cualquier deducción aplicada por el error.

c. Se descontarán los puntos adjudicados por la pregunta de gracia.

APELACIONES

1. El capitán puede apelar al moderador para invalidar una respuesta debido a una lectura incorrecta, información incorrecta en la pregunta y/o interferencia visual/auditiva.

2. Después de escuchar la apelación, el moderador puede consultar con el juez de contenido para su decisión final.

3. La apelación será concedida si el argumento justifica el cambio de la primera decisión.

4. Cuando se concede la apelación, la pregunta apelada es invalidada y se hará otra pregunta.

5. La anotación oficial debe cambiarse como si la pregunta apelada no se hubiera hecho. Los puntos otorgados después de la primera decisión serán deducidos y los deducidos serán otorgados de nuevo.

INFRACCIONES

1. La conversación verbal o no-verbal (miradas, señas, etc.) entre concursantes, entre el adiestrador y los concursantes, o entre éstos y el auditorio desde el momento cuando se dice "Pregunta", hasta que los puntos sean adjudicados

2. Tocar cualquier parte de la silla con las manos o los pies mientras se lee la pregunta.

3. Tocar el piso con las manos durante la lectura de la pregunta.

4. Empezar a contestar la pregunta antes de que se identifique al concursante *(Interpretaciones).

5. Levantarse antes de que se exprese la primera palabra de una pregunta.

6. Tocar a otro concursante desde que se inicia la pregunta hasta la adjudicación de los puntos.

7. Cualquier persona en la plataforma que no sea uno de los concursantes o el adiestrador.

8. Cualquier concursante que haya cometido tres infracciones ya no podrá responder a ninguna clase de pregunta (de competencia o de gracia). Si se cuenta con un sustituto, éste podrá tomar su lugar.

PUNTOS

1. Cada respuesta correcta tiene un valor de 20 puntos tanto para el individuo como para el equipo.

2. Una respuesta correcta a una pregunta de gracia tiene un valor de 10 puntos para la puntuación del equipo.

3. Cualquier concursante que conteste 4 preguntas correctamente (sin cometer ningún error) recibirá 10 puntos adicionales tanto para su puntuación individual como para su equipo.

a. El concursante no podrá levantarse a contestar por el resto de la competencia.

b. El concursante deberá abandonar el área de la competencia si el equipo cuenta con un sustituto)

c. El concursante no podrá contestar preguntas de gracia

4. Cuando 3 miembros de un mismo equipo contestan al menos una pregunta correcta, hay

una bonificación de 10 puntos para el equipo.

    a. El cuarto competidor que conteste correctamente gana 10 puntos para el equipo

    b. El quinto competidor que conteste correctamente obtiene 10 puntos más para el equipo

5. Comenzando con la pregunta 16, por cada error se descontarán 10 puntos al equipo

6. Por el tercer error de un concursante se le descontarán 10 puntos en cada caso tanto al concursante como a su equipo. El competidor debe ser sustituido.

7. Por el quinto error de un equipo se descontarán 10 puntos al equipo y por cada error que se cometa subsecuentemente.

8. No se tomarán en cuenta los puntos y errores individuales por las preguntas de desempate en tiempo adicional.

CONSEJOS DE ESTUDIOS

MÉTODO DE LOS "15"

1. Lee el versículo un par de veces.

2. Trata de decirlo sin verlo. Si te atoras o equivocas, revisa la Escritura, luego sigue.

3. Cuando puedas decir el versículo sin ver la Biblia, estarás listo para empezar la memorización.

4. Repite el versículo lo más rápido que puedas, cinco veces, sin equivocarte. Si cometes un error, empieza otra vez.

5. Lee el versículo de nuevo para asegurarte que lo estés repitiendo bien. Y si no fuera así, hazlo de nuevo.

6. Repite el versículo otras cinco veces sin equivocarte. Luego otras cinco veces. (Con esto ya son 15). Si en cualquier momento te equivocas, empieza de nuevo con ese grupo de cinco repeticiones.

7. Pasa al siguiente versículo de la misma forma, luego regresa al primer versículo memorizado para asegurar que todavía lo recuerdas.

8. Continúa el proceso hasta que termines de memorizar.

ESCRIBIR PREGUNTAS

Para perfeccionar tu habilidad para saltar no es tan importante que escribas cientos de preguntas sino que aprendas cómo escribir preguntas. Con el tiempo pasarás de escribir las preguntas y respuestas a sólo hacerlo mentalmente. La clave para un buen salto en falso no es nada más ganar el salto sino ser capaz de completar correctamente la pregunta desde el punto en el que saltaste. Aprender a reconocer mentalmente las preguntas y respuestas será una gran ventaja al empezar a saltar.

En el versículo promedio hay cuatro o cinco posibles preguntas de competencia. Aún cuando varias preguntas cubran la misma información, el salto es diferente en cada una. Así que será útil ver cada versículo y poner atención en las diferentes preguntas que puedan surgir de él. Para escribir una pregunta empieza por encontrar primero la respuesta en el versículo y luego decide cómo formular la pregunta acerca de esa respuesta. Empieza con el primer versículo, mira bien cada frase, cada sustantivo, cada verbo, cada adjetivo y cada adverbio para ver si pueden ser respuestas a preguntas. Luego escribe tus preguntas.

Método de la frase

1. Lee el versículo cuidadosamente asegurándote de entender su significado.

2. Divide el versículo en frases (los signos de puntuación usualmente ayudan mucho) y repite cada frase varias veces, enfatizando las palabras que sean difíciles de recordar.

3. Lee el versículo entero otra vez, concentrándote en las partes difíciles.

4. Cita el versículo 5 ó 6 veces, o hasta que lo puedas decir de corrido sin error.

5. Repasa el versículo unas 10 veces el mismo día que lo hayas aprendido.

6. Repasa el versículo al menos una vez al día por tres o cuatro días luego de haberlo aprendido.

Plan 3-5-7

Supongamos que acabas de estudiar Hechos 8. Ahora repasa el capítulo que está tres capítulos antes de este (es decir, el 5). Luego repasa el capítulo que está cinco atrás (el 3). Luego el capítulo siete atrás de tu capítulo inicial (el capítulo 1). De aquí el nombre de Plan 3-5-7. Cuando el número total de capítulos sea lo suficientemente alto tendrá que cambiar al Plan 3-5-7-9.

Tarjetas

Una gran manera de aprender los versículos de memoria (o todo el material) es crear un catálogo de los versículos que quieras memorizar. Escribe cada versículo en un lado de la tarjeta y pon su referencia (cita) en la parte de atrás. Los programas de computadoras han hecho de esta

una tarea fácil, especialmente con la capacidad de comprar la versión NVI para la computadora. (Es importante que hagas esto tú mismo; trata de no poner a tus papás o hermanos o adiestrador a hacerlo por ti. Las tarjetas tendrán mucho más significado y las recordarás mejor al tomar el tiempo de procesarlas mentalmente mientras preparas el catálogo).

Una vez que tengas todos los versículos en las tarjetas, ya estarás listo para empezar. Probablemente sea bueno que memorices los versículos en el orden en que aparecen en la Biblia. Usa cualquier método de memorización ya mencionado para aprender los versículos. La gran ventaja de este método es ser capaz de separar los versículos que te cuesten trabajo aprender. También podrás repasar los versículos al ver las referencias o viceversa.

Método de Subrayado

Después de leer cuidadosamente el capítulo suficientes veces como para sabértelo casi todo, empieza en el inicio del capítulo y subraya cada hecho en el capítulo que creas que no podrías recordar en una competencia sin un estudio más profundo. Luego, empezando con el primer versículo, estudia todas las frases subrayadas. Para completar el método de estudio continua trabajando con todas estas frases hasta que te sepas todas lo suficientemente bien como para recordarlas en una competencia.

Método CD/MP3/Podcast

Aprender es más fácil cuando no sólo lees las palabras sino que las escuchas también. Puedes comprar una grabación ya hecha del libro para ayudarte a leer y memorizar. También puedes hacer tu propia grabación con un CD grabable en blanco, (necesitarás una computadora con micrófono y los programas adecuados de grabación) o un MP3/Podcast y grabar tu propia voz leyendo cada capítulo para tus estudios. (Recuerda que es ilegal hacer copias de las grabaciones ya hechas de la Biblia, o distribuir o vender copias de tu propia voz con pasajes de la Biblia grabados sin permiso). Esto llevará tiempo pero encontrará que vale la pena a largo plazo. Recuerda leer claro y fuerte. Te sugerimos identificar cada capítulo y/o versículo con su referencia conforme los vayas haciendo.

Hay varias formas en que puedes usar una grabación como esta en tu estudio. Aquí hay varias:

• Lectura Corrida — Lee en tu Biblia, a menos que escuches atentamente a la grabación al mismo tiempo que lees. De esta forma, no sólo ves las palabras en la página sino que también las escuchas. Esta combinación te ayudará a recordar mejor el material. Una variante es tratar de recitar el material junto con la grabación.

• Lectura Pantomima — Enciende tu reproductor de CD/MP3/Podcast. Confor-me se leen los versículos, haz pantomima (actúa) todo lo que está sucediendo. ¡Exagera! Haz cosas divertidas para actuar los pasajes. Si no estás muy convencido para hacerlo la primera vez, te sorprenderás de ver lo bien que este método te ayudará a recordar el material.

Método de lectura corrida

Simplemente lee el capítulo cuidadosamente y meditando en él cinco veces. Entre más leas algo, mejor lo aprenderás. También es útil leer una porción paralela o un comentario bíblico si tienen algún tipo de Biblia con referencia. Ten-gan cuidado de usar sólo la NVI para memorizar, otras versiones pueden ser útiles cuando se trata de entender lo que el autor está tratando de decir.

Método de la repetición

1. Lee el versículo 1 (del capítulo que estás estudiando) tres veces.

2. Lee el versículo 2 tres veces, el versículo 3 tres veces, el versículo 4 tres veces, y el versículo 5 tres veces.

3. Ahora lee de los versículos 1 al 5 todos de un jalón.

4. Lee los versículos 6, 7, 8, 9, 10 tres veces cada uno.

5. Ahora lee los versículos 6 al 10 juntos de una sola tirada.

6. Ahora regresa al versículo 1 y lee de corrido hasta el versículo 10.

7. Lee de los versículos 11 al 15, cada uno tres veces; luego léelos juntos una vez; luego regresa al versículo 1 y lee hasta el versículo 15.

8. Lee los versículos 16 al 20 tres veces cada uno; luego del 16 al 20 una vez todos juntos; luego del 1 al 20.

9. Sigue haciendo esto hasta que termines el capítulo.

Método de la paráfrasis

¿Alguna vez te has puesto a pensar que si estuvieras escribiendo parte de la Escritura que estás estudiando, sonaría un tanto diferente de lo que estás leyendo?

Antes de que empieces este método necesitarás unas tres o cuatro hojas de papel. En la parte de arriba de las hojas de papel escribe el número del capítulo que estarás estudiando. Lee el capítulo un par de veces. Tu meta es tratar de re-escribir este capítulo, versículo por versículo, en tus propias palabras.

Hazlo serio o gracioso, creativo o normal (como normalmente tú hablas). Parafrasea al menos 10 versículos de un capítulo para saber cómo funciona este método. No tienes que usarlo todo el tiempo. Úsalo de vez en cuando para darle variedad a tu estudio

Salto en falso - Escribir preguntas

Es un hecho comprobado que entre más trates con un tema, mejor lo aprenderás y podrás recordarlo. Practica haciendo tus propias preguntas al estudiar el material. Asegúrate de tener un conocimiento sólido del material antes de empezar a escribir las preguntas. Una vez que lo hagas, verás que practicar elaborando preguntas y respuestas pondrá a prueba tu conocimiento del material. Una vez que aprendas este método, verás que no necesitas de hecho escribir las preguntas y respuestas en papel; puede que sea suficiente formularlas mentalmente y contestarlas de igual forma.

Salto en falso – Reconocer la palabra clave

Reconocer la palabra clave te ayudará a saltar más rápidamente. Es muy difícil mejorar el salto sin aprender a reconocer las palabras claves.

¿Qué es una palabra clave? La palabra clave es una palabra que está en un lugar de la pregunta donde puedes empezar a decir el resto de la pregunta. En otras palabras, si oyes una pregunta y el moderador se detiene justo antes de la palabra clave, no sabrás con certeza cuál es el resto de la pregunta. Sólo hay algunas posibilidades y tendrás que adivinar pero no estarás seguro. Por el contrario, si oyeras sólo una palabra más, sabrías sin duda alguna cuál es la pregunta correcta.

Tu trabajo como competidor es aprender a ubicar la palabra clave y saltar en ese momento de la pregunta. En una competencia, esto significa una toma de decisión más rápida y bajo presión. Para empezar, practica con algunas preguntas y tómate todo el tiempo que necesites para decidir cuál es la palabra clave.

Aquí hay un punto importante: la palabra clave no siempre será la misma para todos. Entre mejor te sepas el capítulo, más pronto podrás saltar. En este momento la palabra clave de las preguntas puede ser la última; pero para fines de año, la palabra clave en algunas de las mismas preguntas puede ser la tercera o cuarta. La palabra clave cambia conforme mejora tu conocimiento del material.

Salto en falso - Anticipar la palabra clave

Anticiparse es predecir acertadamente que la siguiente palabra de una pregunta será la palabra clave. ¿Por qué anticiparse? Si puedes asegurar que la siguiente palabra de una pregunta será la palabra clave, entonces puedes saltar en cuanto el moderador empiece a decirla, pero lo suficientemente tarde como para que no se puede detener y al menos diga la primera sílaba de la palabra. Entonces podrás identificar la palabra clave al tomar las palabras de la boca del moderador como clave para la siguiente palabra. Esto significa que de hecho saltarás antes de saber cuál será la pregunta. Recuerda que anticiparse es un riesgo. Es mejor que estés seguro de que conoces la información antes de que te arriesgues. El salto en falso es un obstáculo mayor para la mayoría de los competidores pero cuando lo dominan, encuentran la competencia mucho más fácil.

Grabar para el salto

Para practicar tu salto y mejorar tu anticipación de la palabra clave puedes utilizar este método. Para usarlo necesitarás un equipo de grabación para computadora y un quemador de CD/DVD/MP3. Para prepararte para tu estudio, graba algunas de las preguntas y respuestas en el CD (tal vez tus padres o adiestrador te quieran ayudar en esto). Empieza el CD/DVD/MP3 y "salta" (física o mentalmente) deteniendo la grabación en el momento en que saltes. Ahora trata de completar la pregunta y dar la respuesta correcta. Para corregirte simplemente reinicia la grabación y escucha la respuesta correcta. Verás que conforme mejora tu conocimiento del material, tu habilidad de saltar en falso mejora también.

Repaso General

Después de estudiar un cuarto de los capítulos, aparta un tiempo para una revisión general de todos los capítulos que has estudiado. Examínate en cada una de las siguientes áreas:

1. Lee con atención cada capítulo una vez más. Si tienes tiempo, puedes usar el método de la repetición (Leer el capítulo 1, luego 1, 2 y 3, etc.).

2. Escribe un bosquejo de cada capítulo o una lista de los eventos que hay en cada capítulo.

3. Repasa todas las frases subrayadas que pensaste que no ibas a recordar en un competencia. Examínate para ver qué tan bien las recuerdas. Si has olvidado alguna de las frases pasa más tiempo estudiándolas.

Repite este repaso general después de completar la mitad, luego tres cuartos, luego todos los capítulos. En cada caso, revisa todos los capítulos que has estudiado.

Usar una concordancia

¿Has notado cómo algunos competidores siempre parecen saltar antes que tú? ¿Y cómo podrías decir casi cualquier palabra en el material y te dirían exactamente en qué versículo está? Lo más probable es que esos competidores hayan estado usando una concordancia.

¿Qué es una concordancia? Una concordancia es un tipo de índice, como las listas al final de los libros que te dicen dónde se menciona un tema. Una concordancia bíblica te dirá dónde y cuántas veces cualquier palabra es usada en la Escritura. Hay diferentes tipos de concordancias: de toda la Biblia, del Antiguo Testamento, Nuevo Testamento y concordancias de libros individuales.

¿Cómo puedes usar una concordancia para ayudarte en tu estudio bíblico? Puedes hacer una concordancia del libro que estés estudiando con el número de veces que cada palabra es usada en el libro. La lista de "Palabras Clave" es de gran ayuda para los competidores Estas son palabras que se usan sólo una vez en todo el material de estudio.

Familiarizarse con estas palabras puede ser invaluable para un competidor. Saber que una palabra en particular es usada sólo una vez en el libro de estudio de este año te guiará más directamente al pasaje correcto cuando respondas una pregunta. Cuando tengas tu concordancia lista, marca en la Biblia las palabras clave y memorízalas.

Así, cuando escuches una de estas palabras clave podrás reconocer la palabra y recordar la referencia. Verás que reconocer las palabras clave mejorará tu habilidad para saltar.

Al usar una concordancia, asegúrate de tener un buen conocimiento del libro. La concordancia es sólo un complemento como plan de estudio, no la forma de resolver los problemas de tus sesiones estudio.

Variedad en tu estudio

A lo largo de este libro encontrarás muchos métodos diferentes de estudio para tu uso en los momentos individuales de estudio. Existe la probabilidad de que no haya un método correcto para todos. Lo que te dé mejores resultados a ti puede que no sirva para tus compañeros. Igual de importante es saber que tu conocimiento y habilidad de recordar el material mejorará si varías los métodos de estudio. Trata un nuevo método de vez en cuando; no te aburras y frustres usando la misma técnica una y otra vez.

CLAVE DE PRE-ANUNCIO

Hay letras a un lado de cada una de las preguntas de práctica. En una competencia real, los moderadores anuncian el tipo de pregunta que vendrá a continuación. Para prepararte para ello hemos incluido los códigos de anuncio en este libro. El código frente a la pregunta indica el tipo de pregunta que es. Esto es lo que significan:

G – Pregunta General: Sólo se requiere la línea de pensamiento.

X – Contexto: Sólo se requiere la línea de pensamiento.

A – De acuerdo con: Sólo se requiere la línea de pensamiento, pero se espera mayor exactitud para demostrar un entendimiento del versículo particular que se dio. También se requiere que toda la información proporcionada por los competidores esté dentro del versículo dado. Sólo se les permite usar otros versículos para aclarar los pronombres.

S – Pregunta de situación (en libros narrativos) si el competidor salta en falso debe dar el contenido de la cita en la pregunta y cada parte solicitada en la pregunta.

V – Termina el versículo: Debe ser citada palabra por palabra desde la primera vez, no se permiten correcciones.

R – Termina el versículo y da la referencia: Debe ser citada palabra por palabra desde la primera vez, no se permiten correcciones.

Q – Cita de memoria: Debe ser citada palabra por palabra desde la primera vez, no se permiten correcciones.

E – En qué libro y qué capítulo (sólo para libros múltiples) si el competidor salta en falso debe dar el contenido de la cita y además, dar el libro correcto y el capítulo solicitado.

PREGUNTAS

Hemos provisto una serie de preguntas de práctica sobre Romanos y Santiago. Estas preguntas están hechas para usarse en tus estudios individuales y para ayudarte a entender mejor el material que estás estudiando. Es importante que observes algunas cuestiones sobre las preguntas de este año:

• Estas preguntas tienen la intención de ser un componente vital de tu tiempo de estudio. Sin embargo, no deben ser un sustituto de la Escritura. También recuerda que, aunque nuestra meta es discutir tanto material como sea posible, no se va a cubrir cada parte del versículo en una pregunta. Te animamos a repasar estas preguntas regularmente (para asegurarte que conoces el material que has estudiado), pero haz de la Escritura tu fuente primaria de estudio.

• Nota que algunas respuestas incluirán información adicional entre paréntesis y corchetes. El material entre paréntesis usualmente será información no requerida para una respuesta correcta sino que será útil al explicar el contexto e incrementar tu entendimiento del pasaje. El material entre corchetes será la mayoría de las veces una respuesta alterna de un pasaje bíblico más amplio o proporcionará información que evite confusión en la respuesta.

• Hasta donde sea posible no se usarán pronombres en las preguntas o respuestas. El propósito de estas preguntas es permitir el entendimiento y nadie obtiene un verdadero conocimiento de saber que "él" dijo o hizo algo, cuando podrían aprender que Pedro lo dijo o hizo. Se hará una excepción cuando el antecedente no sea fácil de identificar o su inclusión haría las preguntas o respuestas innecesariamente confusas o demasiado largas.

• No se incluirán preguntas de versículos de memoria en esta guía de estudio, sin embargo una regla fácil para construir las preguntas de "Termine y dé la referencia…" es esta: Las preguntas de "Termine y dé la referencia" normalmente están basadas en las primeras cinco palabras del versículo. Ninguna pregunta de este tipo contendrá menos de cinco palabras en la pregunta y menos de tres en la respuesta.

• Las preguntas de contexto están diseñadas para alentar un conocimiento más amplio de lo que se puede probar con las preguntas generales. El criterio con el que se escriben estas preguntas es menos estricto que el que se usa para otros tipos de preguntas y es posible una variedad casi infinita de tipos de preguntas.

Guía de Preguntas: Aclaración de Pronombres

Los autores de los libros del Nuevo Testamento con frecuencia tienen que usar términos como "yo", "nosotros", "tú", cuando escriben sus evangelios y epístolas (cartas). Estos términos, sin embargo, pueden causar problemas cuando se escriben preguntas sobre estas porciones de la Escritura. Exactamente, ¿a quién se refiere el autor con "tú"? ¿A quién se refiere cuando escribe "nosotros"?
Desafortunadamente, no existe ningún método consistente para manejar esta situación. Por un lado, podemos tratar de sustituir el antecedente entendido cada vez que un pronombre es usado en todas nuestras preguntas y respuestas. Sin embargo, determinar el antecedente correcto algunas veces es una tarea difícil y con frecuencia es cuestión de interpretación. Por otro lado, podemos decidir dejar todos los pronombres como están, sin hacer ni pedir una definición de la identidad correcta. Pero esta práctica alienta a los competidores a estudiar sólo las

palabras que están siendo usadas y no lo que las palabras quieren decir (por ejemplo, saber que "Pablo" hizo o dijo algo es mayor evidencia de comprensión actual que saber que "él" lo hizo). Por esta razón, cuando sea posible, sustituiremos los pronombres por sus antecedentes. Cuando el antecedente correcto sea ambiguo o el pronombre sea usado en sentido "genérico" dejaremos el pronombre como está, tanto en la pregunta como en la respuesta. Si decidimos hacer la sustitución intentaremos hacer una anotación dentro de un paréntesis.

Guía de Preguntas: Preguntas "de acuerdo con"

Estas preguntas están diseñadas para señalarle a un competidor una ubicación específica en la Escritura y por lo tanto, una respuesta específica. Conocer la ubicación exacta puede ayudar a ubicar la respuesta. Aprender o memorizar un capítulo cada mes puede incrementar tu arsenal para responder las preguntas.

Un propósito de las preguntas "De acuerdo con" es subrayar una respuesta que está fraseada de manera única en ese versículo. Recuerda que una respuesta a una pregunta "De acuerdo con" no necesita ser al pie de la letra, pero debe ser lo suficientemente literal como para distinguir esa respuesta de todas las otras referencias al mismo caso. Las preguntas "de acuerdo con" pueden ser confusas cuando estén escritas en un versículo encontrado en el contexto de una lista más larga. Recuerda que aun cuando la designación de un versículo pueda aparecer en la mitad de la lista, el sujeto inherente (o sobreentendido) y el verbo de la lista completa pueden aparecer en un versículo anterior. No es como si este versículo no tuviera sujeto/verbo; aun cuando no estén impresos, los sujetos y verbos en tales instancias deben ser vistos como "entendidos" para que el versículo tenga

sentido. Aunque es lógico formular una pregunta "de acuerdo con" a partir de versículos de este tipo, trataremos de no usarlos.

Algunas veces encontrarás algunas preguntas "de acuerdo con" que a primera vista puedan parecer Preguntas Generales legítimas. Aunque sean legítimas, al emplear palabras que sólo estén en este versículo, la oración formada por esta combinación de pregunta/respuesta puede no ser válida. Para evitar tales "declaraciones cuestionables", este tipo de preguntas serán formuladas como preguntas "de acuerdo con". Una técnica para aprender a responder las preguntas "de acuerdo con" es hacer preguntas basadas en los verbos del versículo y luego anexar una respuesta al verbo. Un ejemplo sería Lucas 1:5. Las preguntas podrían ser: ¿Qué hubo en tiempos de Herodes, rey de Judea? O ¿Quién era también descendiente de Aarón? Nota que la secuencia de preguntas sigue al verbo en el versículo. Después se hace más fácil responder esas preguntas si sigues los verbos del versículo en secuencia.

PREGUNTAS

GÁLATAS 1

¿Por qué dos cosas no es apóstol Pablo?
    R. por investidura ni mediación humanas / Gál.1.1.

Pregunta de dos partes. Según Gál.1.1 ¿Por qué cosas sí y por que cosas no es apóstol Pablo?
    R. Por Jesucristo y por Dios Padre que lo levantó de los muertos, y no por investidura ni mediación humanas.

Di de memoria Gál.1.2
    R. que Dios nuestro Padre y el señor Jesucristo les concedan gracia y paz.

Pregunta de dos partes ¿Quién dio su vida por nuestros pecados y para qué?
    R. Jesucristo, para rescatarnos de este mundo malvado / Gál.1.4.

Según Gál.1.6 ¿Qué le asombraba a Pablo?
    R. Que tan pronto estuvieran los gálatas dejando a quién los había llamado, por la gracia
    de Cristo, para pasarse a otro evangelio.

Pregunta de dos partes ¿Qué estaban sembrando y qué querían tergiversar ciertos individuos en Galacia?
    R. Estaban sembrando confusión entre los gálatas y querían tergiversar el evangelio de Cristo / Gál.1.7.

¿Acerca de quién dice Pablo en Gál.1 "Qué caiga bajo maldición"?
    R. Acerca de alguno de nosotros o algún ángel del cielo que les predicara a los gálatas un evangelio distinto del que les habían predicado y recibieron / Gál.1.8-9.

¿Qué no sería Pablo si buscara agradar a otros?
    R. Siervo de Cristo / Gál.1.10.

¿Qué no es invención humana?
    R. El evangelio que Pablo predicaba / Gál.1.11.

¿Cómo le llegó a Pablo el evangelio que predicaba?
    R. Por revelación de Jesucristo / Gál.1.12.

¿Qué no recibió ni aprendió Pablo de ningún ser humano?
    R. El evangelio que predicaba / Gál.1.12.

¿Con qué perseguía Pablo a la Iglesia de Dios?
    R. Con furia / Gál.1.13.

¿En qué aventajaba Pablo a muchos de sus contemporáneos?
    R. En su celo exagerado por las tradiciones de sus antepasados / Gál.1.14.

¿Desde dónde apartó Dios a Pablo?
    R. Desde el vientre de su madre / Gál.1.15.

¿Cuándo no consultó Pablo con nadie?
R. Cuando Dios tuvo a bien revelarle a su Hijo para que lo predicara entre los gentiles. Gál.1.15-16.

Pregunta de palabra clave: Arabia
R. Pablo fue de inmediato a Arabia de donde luego regresó a Damasco / Gál.1.17.

Pregunta de dos partes Según Gál.1.18 ¿Cuándo subió Pablo a Jerusalén y para qué?
R. Después de tres años de regresar a Damasco, para visitar a Pedro.

¿Quién era hermano del Señor?
R. Jacobo / Gál.1.19.

¿Quiénes no conocían a Pablo personalmente?
R. Las iglesias de Cristo en Judea / Gál.1.22.

¿Qué oían decir las iglesias de Cristo en Judea acerca de Pablo?
R. El que antes nos perseguía ahora predica la fe que procuraba destruir / Gál.1.22-23.

¿Por causa de quién glorificaban a Dios las iglesias de Cristo en Judea?
R. Por causa de Pablo / Gál.1.24.

GÁLATAS 2

¿Con quiénes subió de nuevo Pablo a Jerusalén?
R. Con Bernabé, llevando también a Tito / Gál.2.1.

¿Cuándo subió de nuevo Pablo a Jerusalén?
R. Catorce años después / Gál.2.1.

¿Para qué explicó Pablo el evangelio que predicaba entre los gentiles, a los que eran considerados como dirigentes?
R. Para que todo su esfuerzo no fuera en

vano / Gál.2.2.

¿Quién no fue obligado a circuncidarse aunque era griego?
R. Tito / Gál.2.3.

¿Para qué se habían infiltrado entre nosotros algunos falsos hermanos?
R. Para coartar la libertad que tenemos en Cristo Jesús a fin de esclavizarnos / Gál.2.4.

¿Por qué no accedió Pablo ni por un momento a someterse a los falsos hermanos que se habían infiltrado entre ellos?
R. Porque quería que se preservara entre los gálatas la integridad del evangelio / Gál.2.5.

¿Por qué no le interesaba a Pablo lo que fueran los que eran reconocidos como personas importantes?
R. Porque Dios no juzga por las apariencias / Gál.2.6.

¿Qué reconocieron de Pablo lo que eran reconocidos como personas importantes?
R. Que se le había encomendado predicar el evangelio a los gentiles de la misma manera en que se le había encomendado a Pedro predicarlo a los judíos / Gál.2.7.

¿En señal de qué les dieron la mano Jacobo, Pedro y Juan a Bernabé y a Pablo?
R. De compañerismo / Gál.2.9.

¿Cuándo le echó en cara Pablo a Pedro su comportamiento condenable?
R. Cuando Pedro fue a Antioquia / Gál.2.11.

Pregunta de dos partes ¿Cuándo comenzó Pedro a retraerse y a separarse de los gentiles y por qué?
R. Cuando llegaron algunos de parte de Jacobo y por temor a los partidarios de la

circuncisión / Gál.2.12.

¿Quiénes se unieron a Pedro en su hipocresía?
R. Los demás judíos, y hasta Bernabé se dejo arrastrar por esa conducta hipócrita / Gál.2.13.

Pregunta de ocasión: "Si tú, que eres judío, vives como si no lo fueras, ¿por qué obligas a los gentiles a practicar el judaísmo?"
R. Pablo a Pedro cuando vio que no actuaba rectamente como corresponde a la integridad del evangelio / Gál.2.14.

¿Por qué obras nadie será justificado?
R. Por las obras de la ley / Gál.2.16.

¿Está Cristo al servicio del pecado?
R. De ninguna manera / Gál.2.17.

¿Qué se hace el que vuelve a edificar lo que antes había destruido?
R. Transgresor / Gál.2.18.

Di de memoria Gál.2.20
R. He sido crucificado con Cristo, y ya no vivo yo sino que Cristo vive en mí. Lo que ahora vivo en el cuerpo, lo vivo por la fe en el Hijo de Dios, quien me amó y dio su vida por mí.

¿Qué sucedería si la justicia se obtuviera mediante la ley?
R. Cristo habría muerto en vano / Gál.2.21.

Según Gál.2.21 ¿Qué no desecha Pablo?
R. La gracia de Dios.

GÁLATAS 3

¿Ante quiénes fue presentado Jesucristo crucificado tan claramente?
R. Ante los gálatas / Gál.3.1.

Completa y da la referencia: "Solo quiero que me respondan a esto…"
R. ¿Recibieron el Espíritu por las obras que demanda la ley, o por la fe con que aceptaron el mensaje? / Gál.3.2.

¿Con qué pretendían perfeccionarse los gálatas después de haber comenzado con el Espíritu?
R. Con esfuerzos humanos / Gál.3.3.

Completa y da la referencia: "Al darles Dios su Espíritu y hacer milagros entre ustedes…"
R. ¿Lo hace por las obras que demanda la ley, o por la fe con que han aceptado el mensaje? / Gál.3.5.

¿Quién le creyó a Dios y esto se le tomó en cuenta como justicia?
R. Abraham / Gál.3.6.

Pregunta de dos partes: ¿Qué previó y qué anunció a Abraham la Escritura?
R. Previó que Dios justificaría por la fe a las naciones, y anunció de antemano el evangelio a Abraham: "por medio de ti serán bendecidas todas las naciones" / Gál.3.8.

¿Quiénes son bendecidos junto con Abraham?
R. Los que viven por la fe / Gál.3.9.

¿Por qué están bajo maldición todos los que viven por las obras que demanda la ley?
R. Porque está escrito "Maldito sea quien no practique fielmente todo lo que está escrito en el libro de la ley" / Gál.3.10.

En Gál.3.10 ¿Qué está escrito?
R. Maldito sea quien no practique fielmente todo lo que está escrito en el libro de la ley.

¿Por qué es evidente que por la ley nadie es justificado delante de Dios?

R. Porque "el justo vivirá por la fe" / Gál.3.11.

Según Gál.3.11 ¿Qué es evidente?
R. Que por la ley nadie es justificado delante de Dios.

¿Qué no se basa en la fe?
R. La ley / Gál.3.12.

¿Por quiénes se hizo maldición Cristo?
R. Por nosotros / Gál.3.13.

En Gál.3.13 ¿Qué está escrito?
R. Maldito todo el que es colgado de un madero.

¿Quién nos rescató de la maldición de la ley?
R. Cristo / Gál.3.13.

¿Para qué nos rescató Cristo de la maldición de la ley al hacerse maldición por nosotros?
R. Para que por medio de Cristo Jesús la bendición prometida a Abraham llegara a las naciones, y para que por la fe recibiéramos el Espíritu según la promesa / Gál.3.13-14.

¿Por medio de quién llegó a las naciones la bendición prometida a Abraham?
R. Por medio de Cristo Jesús / Gál.3.14.

¿Qué no puede nadie anular ni añadirle nada una vez que ha sido ratificado?
R. Un pacto humano / Gál.3.15.

¿Cuándo no se puede anular ni añadirle nada al pacto humano?
R. Una vez que ha sido ratificado / Gál.3.15.

¿Qué da a entender la Escritura cuando dice "y a tu descendencia"?

R. Uno solo que es Cristo / Gál.3.16.

¿Qué no anula el pacto que Dios había ratificado previamente?
R. La ley que vino cuatrocientos treinta años después / Gál.3.17.

Pregunta de dos partes ¿Por medio de qué y por conducto de quién se promulgó la ley?
R. Por medio de ángeles y por conducto de un mediador / Gál.3.19.

¿Quién es uno solo?
R. Dios / Gál.3.20.

¿Cuándo no hace falta mediador?
R. Si hay una sola parte / Gál.3.20.

¿En qué caso la justicia se basaría en la ley?
R. Si se hubiera promulgado una ley capaz de dar vida / Gál.3.21.

¿Para qué declara la Escritura que todo el mundo es prisionero del pecado?
R. Para que mediante la fe en Jesucristo lo prometido se les conceda a los que creen / Gál.3.22.

¿Cómo nos tenía la ley antes de venir la fe?
R. Presos, encerrados hasta que la fe viniera / Gál.3.23.

¿Qué vino a ser la ley?
R. Nuestro guía encargado de conducirnos a Cristo / Gál.3.24.

¿A quién no estamos sujetos ahora que ha venido la fe?
R. Al guía / Gál.3.25.

¿Quiénes se han revestido de Cristo?
R. Todos los que han sido bautizados en Cristo / Gál.3.27.

Según Gál.3.28 ¿Qué ya no hay?

R. Judío ni griego, esclavo ni libre, hombre ni mujer.

¿Qué somos si pertenecemos a Cristo?
R. La descendencia de Abraham y herederos según la promesa / Gál.3.29.

GÁLATAS 4

¿En que se diferencia de un esclavo el heredero, mientras es menor de edad?
R. En nada, a pesar de ser dueño de todo / Gál.4.1.

¿Hasta cuándo esta el heredero bajo el cuidado de tutores y administradores?
R. Hasta la fecha fijada por su padre / Gál.4.2.

¿Por qué estábamos nosotros esclavizados mientras éramos menores?
R. Por los principios de este mundo / Gál.4.3.

¿Para qué envió Dios a su Hijo, nacido de una mujer, nacido bajo la ley?
R. Para rescatar a los que estaban bajo la ley / Gál.4.4-5.

¿Qué ha enviado Dios a nuestros corazones?
R. El Espíritu de su Hijo que clama "¡Abba! ¡Padre!" / Gál.4.6.

¿Qué te ha hecho Dios también, como eres hijo?
R. Heredero / Gál.4.7.

¿De quiénes eran esclavos los gálatas cuando no conocían a Dios?
R. De los que en realidad no son dioses / Gál.4.8.

¿Qué seguían guardando los gálatas?

R. Los días de fiesta, meses, estaciones y años / Gál.4.10.

Según Gál.4.11 ¿Qué temía Pablo por los gálatas?
R. Que se hubiera estado esforzando en vano.

¿Debido a qué les predicó Pablo el evangelio a los gálatas la primera vez?
R. A una enfermedad / Gál.4.13.

¿Cómo recibieron los gálatas a Pablo la primera vez que les predicó el evangelio?
R. Como a un ángel del Señor, como si se tratara de Cristo Jesús / Gál.4.14.

En Gál.4.22 ¿Qué está escrito?
R. Que Abraham tuvo dos hijos, uno de la esclava y otro de la libre.

¿Quién nación por decisión humana?
R. El hijo de la esclava / Gál.4.23.

¿En cumplimiento de qué nació el hijo de la libre?
R. De una promesa / Gál.4.23.

¿Quién procede del monte Sinaí y tiene hijos que nacen para ser esclavos?
R. Agar / Gál.4.24.

Pregunta de dos partes ¿Qué representa Agar y por qué corresponde a la actual ciudad de Jerusalén?
R. El monte Sinaí en Arabia, y por qué junto con sus hijos vive en esclavitud / Gál.4.25.

¿En qué debe prorrumpir la que nunca tuvo dolores de parto?
R. En gritos de júbilo / Gál.4.27.

¿Qué dice la Escritura en Gál. 4.30?

R. "Echa de aquí a la esclava y a su hijo, el hijo de la esclava jamás tendrá parte en la herencia con el hijo de la libre".

Pregunta de dos partes ¿De quién no y de quién si somos hijos?
R. No somos hijos de la esclava sino de la libre / Gál.4.31.

GÁLATAS 5

¿Para qué nos libertó Cristo?
R. Para que vivamos en libertad / Gál.5.1.

Según Gál.5.1 ¿A qué no hay que someterse nuevamente?
R. Al yugo de la esclavitud.

¿Qué les dijo Pablo a los gálatas si se hacían circuncidar?
R. Cristo no les serviría de nada / Gál.5.2.

Pregunta de dos partes ¿Con quién han roto y de dónde han caído aquellos que tratan de ser justificados por la ley?
R. Han roto con Cristo y han caído de la gracia / Gál.5.4.

Pregunta de dos partes ¿Por obra de quién y mediante qué aguardamos con ansias la justicia que es nuestra esperanza?
R. Por obra del Espíritu y mediante la fe / Gál.5.5.

¿Qué es lo que vale en Cristo Jesús?
R. La fe que actúa mediante el amor / Gál.5.6.

¿Cómo estaban corriendo los gálatas?
R. Bien / Gál.5.7.

¿De dónde no podía venir tal instigación?
R. De Dios que es quien los ha llamado / Gál.5.8.

¿Qué hace un poco de levadura?
R. Fermenta toda la masa / Gál.5.9.

Completa: " Un poco de levadura…"
R. Fermenta toda la masa / Gál.5.9.

Según Gál.5.10. ¿Quién sería castigado?
R. El que estaba perturbando a los gálatas, sea quien sea.

Según Gál.5.10. ¿Qué confiaba Pablo en el Señor?
R. Que los gálatas no pensarían de otra manera.

¿Qué sucedería si la circuncisión fuera la predicación de Pablo?
R. La cruz no ofendería tanto / Gál.5.11.

Pregunta de palabra clave: instigadores
R. Pablo dijo que ojalá que los instigadores de los gálatas acabaran por mutilarse del todo / Gál.5.12.

¿Con qué deben servirse unos a otros?
R. Con amor / Gál.5.13.

¿Para qué no hay que valerse de la libertad?
R. Para dar rienda suelta a las pasiones / Gál.5.13.

Di de memoria Gál.5.14
R. En efecto, toda la ley se resume en un solo mandamiento: Ama a tu prójimo como a ti mismo.

¿Por qué debían los gálatas tener cuidado si seguían mordiéndose y devorándose?
R. No fuera que acabaran por destruirse unos a otros / Gál.5.15.

Completa: "Así que les digo: Vivan por el Espíritu…"

R. "y no seguirán los deseos de la naturaleza pecaminosa" / Gál.5.16.

¿Quién desea lo que es contrario al Espíritu?
R. La naturaleza pecaminosa / Gál.5.17.

¿Bajo qué no estamos si nos guía el Espíritu?
R. Bajo la ley / Gál.5.18.

¿Cuáles son las obras de la naturaleza pecaminosa?
R. Inmoralidad sexual, impureza y libertinaje; idolatría y brujería; odio discordia, celos, arrebatos de ira, rivalidades, disensiones, sectarismos y envidia; borracheras, orgías y otras cosas parecidas / Gál.5.19-21.

¿Quiénes no heredarán el reino de Dios?
R. Los que practican las obras de la naturaleza pecaminosa (inmoralidad sexual, impureza y libertinaje; idolatría y brujería; odio discordia, celos, arrebatos de ira, rivalidades, disensiones, sectarismos y envidia; borracheras, orgías y otras cosas parecidas) / Gál.5.21.

¿Cuál es el fruto del espíritu?
R. Amor, alegría, paz, paciencia, amabilidad, bondad, fidelidad, humildad y dominio propio / Gál.5.22-23.

¿Acerca de qué se dice. "No hay ley que condene estas cosas"?
R. Acerca del fruto del Espíritu (amor, alegría, paz, paciencia, amabilidad, bondad, fidelidad, humildad y dominio propio) / Gál.5.23.

¿Quiénes han crucificado la naturaleza pecaminosa con sus pasiones y deseos?
R. Los que son de Cristo Jesús / Gál.5.24.

Completa: "Si el Espíritu nos da vida…"

R. Andemos guiados por el Espíritu / Gál.5.25.

¿Qué nos puede llevar a irritarnos y a envidiarnos unos a otros?
R. La vanidad / Gál.5.26.

GÁLATAS 6

Pregunta de dos partes ¿Quiénes deben restaurar al que es sorprendido en pecado y con qué?
R. Ustedes que son espirituales con una actitud humilde / Gál.6.1.

¿Cómo cumplirán la ley de Cristo?
R. Ayudándose unos a otros a llevar sus cargas / Gál.6.2.

¿Quién se engaña a sí mismo?
R. Si alguien cree ser algo cuando en realidad no es nada / Gál.6.3.

¿Qué no debe hacer cada cual si tiene algo de qué presumir?
R. Compararse con nadie / Gál.6.4.

¿Con qué debe cargar cada uno?
R. Con su propia responsabilidad / Gál.6.5.

¿Qué debe hacer el que recibe instrucción en la palabra de Dios?
R. Compartir todo lo bueno con quien le enseña / Gál.6.6.

¿Qué cosecha cada uno?
R. Lo que siembra / Gál.6.7.

¿Qué cosechará del Espíritu, el que siembra para agradar al Espíritu?
R. Vida eterna / Gál.6.8.

¿Qué cosecha el que siembra para agradar a su naturaleza pecaminosa?

R. Destrucción / Gál.6.8.

¿Por qué no debemos cansarnos de hacer el bien?

R. Porque a su debido tiempo cosecharemos si no nos damos por vencidos / Gál.6.9.

¿A quién hay que hacerle bien siempre que tengamos oportunidad?

R. A todos, y en especial a los de la familia de la fe / Gál.6.10.

¿Para qué trataban algunos de obligar a los gálatas a circuncidarse?

R. Únicamente para dar una buena impresión y evitar ser perseguidos por causa de la cruz de Cristo, y para luego jactarse de la señal que llevarían en el cuerpo / Gál.6.12-13.

¿Por quién, fue crucificado el mundo para Pablo?

R. Por nuestro Señor Jesucristo / Gál.6.14.

¿De qué no se le ocurre a Pablo jactarse jamás?

R. De otra cosa sino de la cruz de nuestro Señor Jesucristo / Gál.6.14.

Pregunta de dos partes ¿Qué no cuenta para nada y qué es lo que importa?

R. Para nada cuenta estar o no estar circuncidados, lo que importa es ser parte de una nueva creación / Gál.6.15.

¿Sobre quiénes pide Pablo que desciendan paz y misericordia?

R. Sobre todos los que siguen esta norma (para nada cuenta estar o no estar circuncidados, lo que importa es ser parte de una nueva creación), y sobre el Israel de Dios / Gál.6.16.

¿Por qué no debía causarle nadie más problemas a Pablo?

R. Porque llevaba en el cuerpo las cicatrices de Jesús / Gál.6.17.

EFESIOS 1

¿A quién está dirigida la carta a los Efesios?

R. A los santos y fieles en Cristo Jesús que están en Éfeso / Ef. 1.1

De acuerdo a Ef.1.2, ¿quién concede la gracia y paz?

R. Dios nuestro Padre y el Señor Jesucristo / Ef.1.2

¿Quién nos ha bendecido en las regiones celestiales con toda bendición espiritual en Cristo?

R. Dios, Padre de nuestro Señor Jesucristo / Ef.1.3

¿En quién nos escogió Dios, antes de la creación del mundo, para seamos santos y sin mancha?

R. En Él / Ef.1.4

¿Según qué Dios nos predestinó para ser adoptados como hijos suyos por medio de Jesucristo?

R. Según el buen propósito de su voluntad / Ef.1.5

¿En quién tenemos redención mediante su sangre?

R. En Él (Cristo) / Ef.1.7

¿Cuándo reúne Dios en Cristo todas las cosas, tanto las del cielo como las de la tierra?

R. Cuando se cumpla el tiempo /Ef. 1.10

De acuerdo a Ef. 1.11, ¿qué fuimos hechos en Cristo?

R. Herederos

De acuerdo a Ef.1.13, ¿cuál es el mensaje de la verdad?

R. El evangelio que les trajo la salvación

De acuerdo a Ef. 1.16, ¿qué no había dejado de hacer Pablo?

R. No había dejado de dar gracias por ustedes (efesios) al recordarlos en sus oraciones.

¿Quién da Espíritu de sabiduría y de revelación?

R. El Dios de nuestro de nuestro Señor Jesucristo / Ef. 1.17

En Ef. 1.18, ¿qué pide Pablo?

R. Que les sean iluminados los ojos del corazón

De acuerdo a Ef. 1.20, ¿a quién resucito Dios de entre los muertos y lo sentó a su derecha en las regiones celestiales?

R. Cristo / Ef. 1.19

¿Qué sometió Dios al dominio de Cristo?

R. Todas las cosas / Ef.1.22

¿Quién fue dado como cabeza de todo a la iglesia?

R. Cristo / Ef.1.22

EFESIOS 2

¿En qué estaban muertos en otro tiempo?

R. En sus transgresiones y pecados / Ef. 2.1

De acuerdo a Ef. 2.3, ¿qué éramos por naturaleza?

R. Objeto de la ira de Dios / Ef .2.3

¿Qué hizo Dios por su gran amor por nosotros?

R. Nos dio vida juntamente con Cristo / Ef. 2.4-5

De acuerdo a Ef. 2.5, ¿en qué estábamos muertos?

R. En pecados

¿Quién nos hizo sentar en los en las regiones celeste, en unión con Cristo?

R. Dios / Ef.2.6

¿Mediante qué hemos sido salvados?

R. Mediante la fe / Ef.2.8

Di de memoria Ef. 2.8-9:

R. "Porque por gracia ustedes han sido salvador mediante la fe; esto no procede de ustedes, sino que es el regalo de Dios. No por obras, para que nadie se jacte".

¿Para qué fuimos creados en Cristo Jesús?

R. Para buenas obras / Ef.2.10

¿De quién estábamos separados?

R. De Cristo / Ef. 2.12

¿Mediante que Dios nos ha acercado?

R. Mediante la sangre de Cristo / Ef. 2.13

¿Qué fue derribado mediante el sacrificio de Cristo?

R. El muro de enemistad que nos separaba / Ef. 2.14

¿Por medio de quién tenemos acceso al Padre por un mismo Espíritu?

R. Por medio de Cristo / Ef.2.18

De acuerdo a Ef.2.19, ¿qué ya no son ustedes?

R. Extraños ni extranjeros

¿Quién es la piedra angular?

R. Cristo Jesús / Ef. 2.20

De acuerdo a Ef.2.21, ¿qué se va levantando para llegar a ser un templo santo en el Señor?

R. Todo el edificio / Ef.2.21

EFESIOS 3

¿Quién era prisionero de Cristo Jesús?
R. Pablo / Ef. 3.1

¿De qué se habían enterado el efesios?
R. Del plan de la gracia de Dios qué él le encomendó a Pablo para ellos/ Ef. 3.2

¿Qué ya les había escrito Pablo brevemente?
R. El misterio que se le dio a conocer por revelación Ef. 3.3

¿Qué les fue revelado a los santos apóstoles y profetas de Dios por el Espíritu?
R. Ese misterio, que en otras generaciones no se les dio a conocer a los seres humanos / Ef. 3.5

¿Quiénes son miembros de un mismo cuerpo?
R. Los gentiles, junto con Israel / Ef.3.6

¿Qué llegó a ser Pablo, como regalo que Dios, por su gracia, le dio conforme a su poder eficaz?
R. Servidor del evangelio / Ef. 3.7

De acuerdo a Ef. 3.8, ¿qué gracia recibió Pablo?
R. De predicar a las naciones las incalculablesriquezas de Cristo.

¿Quién es creador de todas las cosas?
R. Dios / Ef. 3.9

¿En quién es realizado el propósito eterno de Dios?
R. En Cristo / Ef.3.11

¿Qué disfrutamos en Cristo, mediante la fe?
R. Libertad y confianza de acercarnos a Dios / Ef. 3.12

¿Qué eran los sufrimiento del Pablo para los efesios?
R. Un honor / Ef. 3.13

¿De quién recibe nombre toda familia en el cielo y en la tierra?
R. Del Padre / Ef.3.15

Pregunta de dos partes: ¿Quién pidió que los efesios fueran fortalecidos en lo más íntimo de su ser y para qué?
R. Pablo, para que por fe Cristo habite en sus corazones / Ef. 3.16-17

De acuerdo a Ef.3.18, ¿qué pide Pablo?
R. Que los efesios puedan comprender, con todos los santos, cuán ancho y largo, alto y profundo es el amor de Cristo.

De acuerdo a Ef. 3.19, ¿qué sobrepasa todo nuestro conocimiento?
R. Ese amor (de Cristo).

En Ef.3.20, ¿qué puede hacer Dios?
R. Muchísimo más que todo lo que podamos imaginarnos o pedir.

¿A quién sea la gloria en la iglesia en Cristo Jesús por todas las generaciones, por los siglos de los siglos?
R. A Dios / Ef.3.21

EFESIOS 4

¿Quién estaba preso por causa del Señor?
R. Pablo / Ef.4.1.

¿Cómo hay que ser para vivir de una manera digna del llamamiento que hemos recibido?
R. Siempre humildes y amables, pacientes, tolerantes unos con otros en amor / Ef.4.2.

Pregunta de palabra clave: vínculo

R. Hay que esforzarse por mantener la unidad del espíritu mediante el vínculo de la paz / Ef.4.3.

¿A qué fueron llamados los efesios?
R. A una sola esperanza / Ef.4.4.

Di de memoria Ef.4.4
R. Hay un solo cuerpo y un solo Espíritu, así como también fueron llamados a una sola esperanza.

En Ef.4 ¿Acerca de qué dice Pablo que hay "uno solo"?
R. Un solo cuerpo, un solo espíritu, una sola esperanza, un solo Señor, una sola fe, un solo bautismo, un solo Dios y Padre de todos, que está sobre todos y por medio de todos y en todos / Ef.4.4-6.

¿Quién está sobre todos y por medio de todos y en todos?
R. Un solo Dios y Padre de todos / Ef.4.6.

¿En qué medida se nos ha dado gracia a cada uno de nosotros?
R. En la medida en que Cristo ha repartido los dones / Ef.4.7.

Pregunta de dos partes ¿Qué se llevo consigo Cristo cuando ascendió, y qué dio a los hombres?
R. Se llevó consigo a los cautivos y dio dones a los hombres / Ef.4.8.

¿A dónde descendió el que ascendió a lo alto?
R. A las partes bajas, o sea, a la tierra / Ef.4.9.

¿Qué quiere decir eso de que ascendió?
R. Que también descendió a las partes bajas, o sea, a la tierra / Ef.4.9.

¿Para qué ascendió Cristo por encima de todos los cielos?
R. Para llenarlo todo / Ef.4.10.

¿Quién es el que descendió?
R. El mismo que ascendió por encima de todos los cielos, para llenarlo todo / Ef.4.10.

¿Quién constituyó a unos apóstoles, a otros profetas, a otros evangelistas y a otros pastores y maestros?
R. El mismo que ascendió por encima de todos
los cielos para llenarlo todo / Ef.4.10-11.

¿A quiénes constituyó el que ascendió por encima de todos los cielos para llenarlo todo?
R. A unos apóstoles, a otros profetas, a otros evangelistas y a otros pastores y maestros / Ef.4.11.

¿Para qué constituyó Cristo a unos apóstoles, a otros profetas, a otros evangelistas y a otros pastores y maestros?
R. Para edificar el cuerpo de Cristo / Ef.4.12.

¿A fin de qué constituyó Cristo a unos apóstoles, a otros profetas, a otros evangelistas y a otros pastores y maestros?
R. A fin de capacitar al pueblo de Dios para la obra del servicio / Ef.4.12.

¿Qué se debe conformar a la plena estatura de Cristo?
R. Una humanidad perfecta / Ef.4.13.

¿Quiénes son llevados de aquí para allá por todo viento de enseñanza y por la astucia y los artificios de quienes emplean artimañas engañosas?
R. Los niños zarandeados por las olas / Ef.4.14.

Según Ef.4.16. ¿Qué sucede por acción de

Cristo?

R. Todo el cuerpo crece y se edifica en amor.

¿Quiénes viven con pensamientos frívolos?

R. Los paganos / Ef.4.17.

Pregunta de dos partes: ¿A causa de qué y por qué tienen los paganos oscurecido el entendimiento y están alejados de la vida que proviene de Dios?

R. A causa de la ignorancia que los domina y por la dureza de su corazón / Ef.4.18.

¿Quiénes han perdido toda vergüenza, se han entregado a la inmoralidad, y no se sacian de cometer toda clase de actos indecentes?

R. Los paganos / Ef.4.19.

EFESIOS 5

¿Qué hay que hacer como hijos muy amados?

R. Imitar a Dios y llevar una vida de amor, así como Cristo nos amó y se entregó por nosotros como sacrificio y ofrenda fragante para Dios / Ef.5.1.

¿Quién se entregó por nosotros como ofrenda y sacrificio fragante para Dios?

R. Cristo / Ef.5.2.

¿Qué no es propio del pueblo santo de Dios?

R. La inmoralidad sexual, ni ninguna clase de impureza o de avaricia / Ef.5.3.

¿Qué debe haber, más bien, en lugar de palabras indecentes, conversaciones necias y chistes groseros?

R. Acción de gracias / Ef.5.4.

¿Qué está fuera de lugar entre el pueblo santo de Dios?

R. Las palabras indecentes, las conversaciones

necias y los chistes groseros / Ef.5.4.

¿De qué podían estar seguros los efesios?

R. De que nadie avaro (es decir idólatra), inmoral o impuro tendrá herencia en el reino de Cristo y de Dios / Ef.5.5.

¿Qué no tendrá nadie que sea avaro (es decir idólatra), inmoral o impuro?

R. Herencia en el reino de Cristo y de Dios / Ef.5.5.

Pregunta de dos partes: ¿Sobre quiénes viene el castigo de Dios y por qué?

R. Sobre los que viven en la desobediencia, por son engañados con argumentaciones vanas / Ef.5.6.

¿Con qué, dijo Pablo a los efesios, que nadie los engañara?

R. Con argumentaciones vanas / Ef.5.6.

¿De quiénes no hay que hacerse cómplices?

R. De los que viven en la desobediencia / Ef.5.7.

Pregunta de dos partes. Según Ef.5.8. ¿Qué eran antes los efesios, y que son ahora?

R. Antes eran oscuridad y ahora son luz en el Señor / Ef.5.8.

¿En qué consiste el fruto de la luz?

R. En toda bondad, justicia y verdad / Ef.5.9.

¿Qué hay que hacer con las obras infructuosas de la oscuridad?

R. Denunciarlas / Ef.5.11.

¿Con qué no hay que tener nada que ver?

R. Con las obras infructuosas de la oscuridad / Ef.5.11.

¿Qué da vergüenza aun mencionar?

R. Lo que los desobedientes hacen en secreto / Ef.5.12.

¿Qué es lo que hace que todo sea visible?
R. La luz / Ef.5.14.

¿Qué se dice en Ef.5.14?
R. Despiértate tú que duermes, levántate de entre los muertos, y te alumbrará Cristo.

¿Qué hay que hacer en vez de emborracharse con vino?
R. Ser llenos del Espíritu / Ef.5.18.

¿Cómo purificó Cristo a la iglesia?
R. Lavándola con agua mediante la palabra / Ef.5.26.

¿Para qué purificó Cristo a la Iglesia lavándola con agua mediante la palabra?
R. Para presentársela a sí mismo como una iglesia radiante, sin mancha ni arruga ni ninguna otra imperfección, sino santa e intachable / Ef.5.27.

¿Cómo debe el esposo amar a su esposa?
R. Como a su propio cuerpo / Ef.5.28.

¿Qué hace el que ama a su esposa?
R. Se ama a sí mismo / Ef.5.28.

¿Qué se alimenta y cuida?
R. El propio cuerpo / Ef.5.29.

¿Qué es lo que nadie ha odiado jamás?
R. Su propio cuerpo / Ef.5.29.

Según Ef.5.30 ¿De qué somos miembros?
R. Del cuerpo de Cristo.

Di de memoria Ef.5.31
R. Por eso dejará el hombre a su padre y a su madre, y se unirá a su esposa, y los dos llegarán a ser un solo cuerpo.

¿A qué se refiere Pablo cuando dice "esto es un misterio profundo"?
R. A Cristo y a la iglesia / Ef.5.32.

¿A quién debe respetar la esposa?
R. A su esposo / Ef.5.33.

¿Cómo debe amar a su esposa cada uno de ustedes?
R. Como a sí mismo / Ef.5.33.

EFESIOS 6

¿Qué es justo?
R. Que los hijos obedezcan a sus padres en el Señor / Ef.6.1.

¿Cuál es el primer mandamiento con promesa?
R. Honra a tu padre y a tu madre / Ef.6.2.

¿Para qué debes honrar a tu padre y a tu madre?
R. Para que te vaya bien, y disfrutes de una larga vida en la tierra / Ef.6.2-3.

¿Según qué deben criar los padres a sus hijos?
R. Según la disciplina e instrucción del Señor / Ef.6.4.

Según Ef.6 ¿Cómo deben obedecer los esclavos a sus amos terrenales?
R. Con respeto y temor, y con integridad de corazón, como a Cristo / Ef.6.5.

¿Quién recompensará a cada uno por el bien que haya hecho, sea esclavo o sea libre?
R. El Señor / Ef.6.8.

¿Cómo deben corresponder los amos a la actitud de sus esclavos?
R. Dejando de amenazarlos / Ef.6.9.

¿Qué hay que hacer con el gran poder del Señor?

R. Fortalecerse / Ef.6.10.

Según Ef.6.11. ¿Para qué hay que ponerse toda la armadura de Dios?

R. Para que puedan hacer frente a las artimañas del diablo.

¿Quiénes dominan este mundo de tinieblas?

R. Potestades / Ef.6.12.

Pregunta de dos partes contra quiénes no y contra quiénes sí es nuestra lucha?

R. No es contra seres humanos, sino contra poderes, contra autoridades, contra potestades que dominan este mundo de tinieblas, contra fuerzas espirituales malignas en las regiones celestiales / Ef.6.12.

Según Ef.6.13. ¿Para qué hay que ponerse toda la armadura de Dios?

R. Para que cuando llegue el día malo, puedan resistir hasta el fin con firmeza.

Pregunta de palabra clave: coraza

R. Protegidos por la coraza de justicia / Ef.6.14.

¿Por qué coraza hay que estar protegidos?

R. Por la coraza de justicia / Ef.6.14.

¿Con qué hay que estar calzados?

R. Con la disposición de proclamar el evangelio de la paz / Ef.6.15.

¿Qué escudo hay que tomar?

R. El escudo de la fe / Ef.6.16.

¿Con qué se puede apagar todas las flechas encendidas del maligno?

R. Con el escudo de la fe / Ef.6.16.

¿Qué casco hay que tomar?

R. El casco de la salvación / Ef.6.17.

¿Qué es la espada del Espíritu?

R. La palabra de Dios / Ef.6.17.

FILIPENSES 1

Según Fil.1.1 ¿Quiénes son siervos de Cristo Jesús?

R. Pablo y Timoteo.

¿A quiénes pide Pablo que concedan gracia y paz a los filipenses?

R. A Dios nuestro Padre y al Señor Jesucristo / Fil.1.2.

¿Qué hacía Pablo cada vez que se acordaba de los filipenses?

R. Daba gracias Dios / Fil.1.3.

¿Con qué oraba Pablo en todas sus oraciones por todos los filipenses?

R. Con alegría / Fil.1.4.

¿Desde cuándo participaron en el evangelio los filipenses?

R. Desde el primer día / Fil.1.5.

Di de memoria Fil.1.6:

R. Estoy convencido de esto: el que comenzó tan buena obra en ustedes la irá perfeccionando hasta el día de Cristo Jesús.

¿De qué participaban los filipenses ya fuera que Pablo se encontrara preso o defendiendo y confirmando el evangelio?

R. De la gracia que Dios le daba a Pablo / Fil.1.7.

Según Fil.1.8 ¿De qué dice Pablo que era testigo Dios?

R. De cuanto quería Pablo a los filipenses con el entrañable amor de Cristo Jesús.

Según Fil.1.9 ¿Qué pide en oración Pablo?
R. Que el amor de los filipenses abundara cada vez más en conocimiento y buen juicio.

¿Para qué pedía en oración Pablo que el amor de los filipenses abundara cada vez más en conocimiento y buen juicio?
R. Para que discernieran lo que es mejor, y fueran puros e irreprochables para el día de Cristo / Fil.1.9-10.

¿Qué se produce por medio de Jesucristo para gloria y alabanza de Dios?
R. El fruto de justicia / Fil.1.11.

¿Qué contribuyó al avance del evangelio?
R. Lo que le había pasado a Pablo / Fil.1.12.

¿A quiénes se hizo evidente que Pablo estaba encadenado por causa de Cristo?
R. A toda la guardia del palacio y a todos los demás / Fil.1.13.

¿Qué sucedió gracias a las cadenas de Pablo?
R. La mayoría de los hermanos confiados en el Señor se habían atrevido a anunciar sin temor la palabra de Dios / Fil.1.14.

¿Qué hacen algunos por envidia y rivalidad?
R. Predican a Cristo / Fil.1.15.

¿Quiénes sabían que Pablo había sido puesto para la defensa del evangelio?
R. Los que predicaban a Cristo con buenas intenciones / Fil.1.16.

¿Qué creían los que predicaban a Cristo por ambición personal y no por motivos puros?
R. Que así iban a aumentar las angustias que Pablo sufría en su prisión / Fil.1.17.

¿Gracias a qué sabía Pablo que todo esto resultaría en su liberación?
R. Gracias a las oraciones de los filipenses y a la ayuda que le daba el Espíritu de Jesucristo / Fil.1.19.

¿Cuál era el ardiente anhelo y esperanza de Pablo?
R. Que en nada sería avergonzado, sino que con toda libertad, ya fuera que viviera o muriera, ahora como siempre, Cristo sería exaltado en su cuerpo / Fil.1.20.

Di de memoria Fil.1.21
R. Porque para mi el vivir es Cristo y el morir es ganancia.

¿Qué podría representar para Pablo un trabajo fructífero?
R. Seguir viviendo en este mundo / Fil.1.22.

¿Por cuáles dos posibilidades se sentía presionado Pablo?
R. Deseaba partir y estar con Cristo que era muchísimo mejor, pero por el bien de los filipenses era preferible que permaneciera en este mundo / Fil.1.23-24.

¿Para qué, sabía Pablo, que permanecería y continuaría con los filipenses?
R. Para contribuir a su jubiloso avance en la fe / Fil.1.25.

¿Cómo sabría Pablo que los filipenses seguían firmes en un mismo propósito, luchando unánimes por le fe del evangelio?
R. Si se comportaban de una manera digna del evangelio de Cristo / Fil.1.27.

¿Cuál era la señal de destrucción para los adversarios de los filipenses?
R. Que los filipenses no les tuvieran temor /

Fil.1.28.

¿Qué dos cosas se les habían concedido a los filipenses?
R. No solo el creer en cristo, sino también el sufrir por él / Fil.1.29.

FILIPENSES 2

¿Qué podrían sentir los filipenses en su unión con Cristo?
R. Algún estímulo / Fil.2.1.

Según Fil.2.2 ¿Cómo podrían los filipenses llenar de alegría a Pablo?
R. Teniendo un mismo parecer, un mismo amor, unidos en alma y pensamiento.

¿Con qué debemos considerar a los demás como superiores a uno mismo?
R. Con humildad / Fil.2.3.

¿Qué hay que hacer por egoísmo o vanidad?
R. Nada / Fil.2.3.

¿Por qué debe velar cada uno?
R. No solo por sus propios intereses, sino también por los intereses de los demás / Fil.2.4.

Di de memoria Fil.2.5.
R. La actitud de ustedes debe ser como la de Cristo Jesús.

¿A qué no se aferró Cristo Jesús?
R. A ser igual a Dios / Fil.2.6.

Pregunta de dos partes ¿Qué naturaleza y qué semejanza tomó Cristo Jesús?
R. Naturaleza de siervo y semejanza de seres humanos / Fil.2.7.

¿Hasta cuándo se hizo obediente Cristo Jesús?

R. Hasta la muerte / Fil.2.8.

¿Qué le otorgó Dios a Cristo Jesús?
R. El nombre que está sobre todo nombre / Fil.2.9.

¿En dónde se doblará toda rodilla en el nombre de Jesús?
R. En el cielo y en la tierra y debajo de la tierra / Fil.2.10.

Pregunta de dos partes ¿Qué confesará toda lengua y para qué?
R. Que Jesucristo es el Señor para gloria de Dios Padre / Fil.2.11.

¿Cómo debían llevar a cabo su salvación los filipenses?
R. Con temor y temblor / Fil.2.12.

Según Fil.2.12 ¿Cómo habían obedecido siempre los filipenses?
R. No solo en presencia de Pablo sino mucho más ahora en su ausencia / Fil.2.12.

Pregunta de dos partes ¿Quién produce en nosotros tanto el querer como el hacer y para qué?
R. Dios, para que se cumpla su buena voluntad / Fil.2.13.

Según Fil.2.14 ¿Cómo se debe hacer todo?
R. Sin quejas ni contiendas.

¿Para qué hay que hacer todo sin quejas ni contiendas?
R. Para que seamos intachables y puros, hijos de Dios sin culpa en medio de una generación torcida y depravada / Fil.2.14-15.

Pregunta de dos partes ¿Cómo brillaban los filipenses y qué mantenían en alto?
R. Brillaban como estrellas en el firmamento y mantenían en alto la palabra de vida /

Fil.2.15-16.

¿Qué hacía Pablo aunque su vida fuera derramada en el sacrificio y servicio que procedían de la fe de los filipenses?
R. Se alegraba y compartía con ellos su alegría / Fil.2.17.

¿Para qué esperaba Pablo enviar pronto a Timoteo a los filipenses?
R. Para que también él cobrara ánimo al recibir noticias de ellos / Fil.2.19.

¿Quién se preocupaba de veras por el bienestar de los filipenses?
R. Timoteo / Fil.2.20.

FILIPENSES 3

¿Qué no era molestia para Pablo?
R. Volverles a escribir lo mismo a los filipenses / Fil.3.1.

Según Fil.3.2 ¿De quiénes hay que cuidarse?
R. De esos perros, de los que hacen el mal y de los que mutilan el cuerpo.

R. Los que por medio del Espíritu de Dios adoramos, nos enorgullecemos en Cristo Jesús y no ponemos nuestra confianza en esfuerzos humanos / Fil.3.3.

¿Quién tenía mas motivos para confiar en esfuerzos humanos?
R. Pablo / Fil.3.4.

¿Cómo era Pablo en cuanto a la interpretación de la ley?
R. Fariseo / Fil.3.5.

Pregunta de dos partes ¿De qué pueblo y de qué tribu era Pablo?
R. Del pueblo de Israel y de la tribu de Ben-

jamín / Fil.3.5.

¿Cómo era Pablo en cuanto a la justicia que la ley exigía?
R. Intachable / Fil.3.6.

¿Qué era Pablo en cuanto al celo?
R. Perseguidor de la iglesia / Fil.3.6.

¿Qué consideraba Pablo como pérdida por causa de Cristo?
R. Todo aquello que para él era ganancia / Fil.3.7

Di de memoria Fil.3.8
R. Es más, todo lo considero pérdida por razón del incomparable valor de conocer a Cristo Jesús, mi Señor. Por él lo he perdido todo, y lo tengo por estiércol, a fin de ganar a Cristo.

Según Fil.3.9 ¿Qué procedía de la ley?
R. La propia justicia de Pablo.

Según Fil.3.10 ¿A fin de qué, dijo Pablo, "lo he perdido todo"?
R. A fin de conocer a Cristo, experimentar el poder que se manifestó en su resurrección, participar en sus sufrimientos, y llegar a ser semejante a él en su muerte.

Según Fil.3.11 ¿Qué esperaba alcanzar Pablo?
R. La resurrección de entre los muertos

Según Fil.3.12 ¿Qué esperaba alcanzar Pablo?
R. Aquello para lo cual Cristo Jesús lo había alcanzado a él.

Pregunta de dos partes ¿Qué olvidaba y que se esforzaba por alcanzar Pablo?
R. Olvidaba lo que queda atrás y se esforzaba por alcanzar lo que está delante / Fil.3.13.

Di de memoria Fil.3.14
R. Sigo avanzando hacia la meta para ganar el premio que Dios ofrece mediante su llamamiento celestial en Cristo Jesús.

¿A quiénes dice Pablo "Todos debemos tener este modo de pensar"?
R. A los perfectos / Fil.3.15.

¿De acuerdo a qué debemos vivir en todo caso?
R. A lo que ya hemos alcanzado / Fil.3.16.

¿En quiénes dijo Pablo a los filipenses que se fijaran?
R. En los que se comportan conforme al modelo que les había dado / Fil.3.17.

¿Qué había dicho a menudo Pablo a los filipenses, y repetido hasta con lágrimas?
R. Que muchos se comportan como enemigos de la cruz de Cristo / Fil.3.18.

Pregunta de cuatro partes ¿Cuál es el destino, a quién adoran, de qué se enorgullecen y en qué solo piensan los que se comportan como enemigos de la cruz de Cristo?
R. Su destino es la destrucción, adoran al dios de sus propios deseos, se enorgullecen de lo que es su vergüenza y solo piensan en lo terrenal / Fil.3.19.

¿De dónde somos ciudadanos?
R. Del cielo / Fil.3.20.

Pregunta de dos partes ¿Para qué y mediante qué transformará el Salvador, el Señor Jesucristo, nuestro cuerpo miserable?
R. Para que sea como su cuerpo glorioso mediante el poder con que somete a sí mismo todas las cosas / Fil.3.21.

FILIPENSES 4

¿Quiénes eran alegría y corona de Pablo?
R. Los filipenses / Fil.4.1.

¿Quiénes lucharon al lado de Pablo en la obra del evangelio, junto con Clemente y los demás colaboradores?
R. Evodia y Síntique / Fil.4.2-3.

En Fil.4. ¿Qué insiste Pablo?
R. Que se alegraran los filipenses / Fil.4.4.

¿Quién está cerca?
R. El Señor / Fil.4.5.

¿Qué debe ser evidente a todos?
R. Nuestra amabilidad / Fil.4.5.

Pregunta de dos partes ¿Cuándo y con qué debían los filipenses presentar sus peticiones a Dios?
R. En toda ocasión, con oración y ruego / Fil.4.6.

¿Qué cuidaría los corazones y los pensamientos de los filipenses en Cristo Jesús?
R. La paz de Dios que sobrepasa todo entendimiento / Fil.4.7.

Según Fil.4.8 ¿Qué hay que considerar bien?
R. Todo lo verdadero, todo lo respetable, todo lo justo, todo lo puro, todo lo amable, todo lo digno de admiración, en fin, todo lo que sea excelente o merezca elogio.

Según Fil.4.9 ¿Qué pide Pablo a los filipenses que pongan en práctica?
R. Todo lo que de él habían aprendido, recibidoy oído, y visto de él.

En Fil.4.10 ¿De qué se alegraba muchísimo Pablo?
R. De que al fin hubieran vuelto a interesarse los filipenses en él.

¿Cómo había aprendido a estar Pablo en cualquier situación en la que se encontrara?
R. Satisfecho / Fil.4.11.

Completa y da la referencia: Sé lo que es vivir en la pobreza, y lo que es vivir en la abundancia…
R. He aprendido a vivir en todas y cada una de las circunstancias, tanto a quedar saciado como a pasar hambre, a tener de sobra como a sufrir escasez / Fil.4.12.

Di de memoria Fil.4.13.
R. Todo lo puedo en Cristo que me fortalece.

¿En qué no participó ninguna iglesia, excepto los filipenses, al principio de la obra del evangelio?
R. En los ingresos y gastos de Pablo / Fil.4.15.

¿A dónde enviaron ayuda los filipenses una y otra vez para suplir las necesidades de Pablo?
R. A Tesalónica / Fil.4.16.

¿Cuándo tuvo Pablo hasta de sobra?
R. Cuando recibió de Epafrodito lo que los filipenses le enviaron / Fil.4.18.

Pregunta de dos partes. Según Fil.4.19 ¿De qué y conforme a qué proveería Dios a los filipenses?
R. De todo lo que necesitaran, conforme a las gloriosas riquezas que tiene en Cristo Jesús.

¿A quiénes pide Pablo a los filipenses que saluden?
R. A todos los santos en Cristo Jesús / Fil.4.21.

Según Fil.4.22 ¿De parte de quién son los saludos?
R. De todos los santos, especialmente los de la casa del emperador.

COLOSENSES 1

¿Quiénes saludan a los santos y fieles hermanos en Cristo que están en Colosas?
R. Pablo, apóstol de Cristo Jesús por la voluntad de Dios, y el hermano Timoteo / Col.1.1.

¿A quiénes está dirigida la carta a los colosenses?
R. A los santos y fieles hermanos en Cristo que están en Colosas / Col.1.2.

¿Qué hacían Pablo y Timoteo siempre que oraban por los colosenses?
R. Daban gracias a Dios, el Padre de nuestro Señor Jesucristo / Col.1.3.

De acuerdo a Col. 1.4, ¿qué noticias hemos recibido?
R. Noticias de su fe en Cristo Jesús y del amor que tienen por todos lo santos.

¿En dónde está dando fruto y creciendo el evangelio?
R. En todo el mundo / Col. 1.6

De acuerdo a Col.1.7, ¿quién es nuestro querido colaborador y fiel servidor de Cristo?
R. Epafras.

¿Quién nos libró del dominio de la oscuridad?
R. El Padre / Col. 1.12-13

¿En qué libro y capítulo se encuentro lo siguiente: "Él es la imagen del Dios invisible, el primogénito de toda creación".
R. Colosenses 1

¿Quién es la cabeza del cuerpo, que es la iglesia?

R. Él (Cristo) / Col. 1.18

¿Mediante qué se hizo la paz?

R. Mediante la sangre (de Cristo) que derramó en la cruz. / Col. 1.20

¿Qué ha sido proclamado en toda la creación debajo del cielo?

R. Este evangelio / Col. 1.23

De acuerdo a Col. 1.24, ¿qué es la iglesia?

R. El cuerpo de Cristo.

De acuerdo a Col.1.26, ¿qué se ha manifestado a sus santos ahora?

R. El misterio que se ha mantenido oculto por siglos y generaciones.

Di de memoria Col.1.28:

R. " A este Cristo proclamamos, aconsejando y enseñando con toda sabiduría a todos los seres humanos, para presentarlos a todos perfectos en él".

De acuerdo a Col.1.29, ¿quién lucha fortalecido por el poder de Cristo?

R. Pablo.

COLOSENSES 2

¿Por el bien de quiénes sostenía gran lucha Pablo?

R. Por el bien de los colosenses y de los que estaban en Laodicea / Col.2.1.

¿Para qué quería Pablo que los colosenses supieran que gran lucha sostenía por el bien de ellos y por los que estaban en Laodicea?

R. Para que cobraran ánimo, permanecieran unidos por amor, y tuvieran toda la riqueza que proviene de la convicción y del entendimiento / Col.2.2.

¿En quién están escondidos todos los tesoros de la sabiduría y del conocimiento?

R. En Cristo / Col.2.3.

Según Col.2.5 ¿Cómo estaba Pablo?

R. Físicamente ausente.

Completa y da la referencia: Por eso, de la manera que recibieron…

R. A Cristo Jesús como Señor, vivan ahora en él / Col.2.6.

Según Col.2.7 ¿Cómo debemos vivir en Cristo Jesús?

R. Arraigados y edificados en él, confirmados en la fe como se nos enseñó, y llenos de gratitud.

Pregunta de dos partes ¿Qué sigue y de acuerdo a que va la vana y engañosa filosofía?

R. Sigue tradiciones humanas y va de acuerdo con principios de este mundo / Col.2.8.

Di de memoria Col.2.9

R. Toda la plenitud de la divinidad habita en forma corporal en Cristo.

¿En quién recibieron los colosenses toda la plenitud de la divinidad?

R. En Cristo, que es la cabeza de todo poder y autoridad / Col.2.10.

¿Quién es la cabeza de todo poder y autoridad?

R. Cristo / Col.2.10.

¿Qué circuncisión efectuó Cristo?

R. La circuncisión que consiste en despojarse del cuerpo pecaminoso / Col.2.11.

Pregunta de dos partes ¿Por qué no y con que sí fueron los colosenses circuncidados en Cristo?

R. No por mano humana sino con la circuncisión que consiste en despojarse del cuerpo pecaminoso / Col.2.11.

¿Cuándo recibieron los colosenses la circuncisión que consiste en despojarse del cuerpo pecaminoso?
R. Al ser sepultados con Cristo en el bautismo / Col.2.12.

¿Mediante qué fueron los colosenses resucitados en Cristo?
R. Mediante la fe en el poder de Dios / Col.2.12.

¿Qué hizo Dios al perdonarnos todos los pecados?
R. Nos dio vida en unión con Cristo / Col.2.13

¿En unión con quién nos dio vida Dios?
R. Con Cristo / Col.2.13.

¿Cómo estaban los colosenses antes de recibir la circuncisión que consiste en despojarse del cuerpo pecaminoso
R. Muertos en sus pecados / Col.2.13.

¿Quién anuló la deuda que nos era adversa clavándola en la cruz?
R. Dios / Col.2.14.

¿Qué teníamos pendiente por los requisitos de la ley?
R. La deuda / Col.2.14.

¿Dónde humilló Dios a los poderes y a las potestades por medio de Cristo?
R. En público al exhibirlos en su desfile triunfal / Col.2.15.

Pregunta de palabra clave: ufanan
R. los que se ufanan en fingir humildad y

adoración de ángeles / Col.2.18.

¿Qué va creciendo como Dios quiere?
R. Todo el cuerpo, sostenido y ajustado mediante las articulaciones y ligamentos / Col.2.19.

¿Qué sucede por la acción de la Cabeza?
R. Todo el cuerpo, sostenido y ajustado mediante las articulaciones y ligamentos, va creciendo como Dios quiere / Col.2.19.

Según Col.2.20 ¿A qué principios habían muerto los colosenses con Cristo?
R. A los principios de este mundo.

¿A qué preceptos se sometían los colosenses como si todavía pertenecieran al mundo?
R. A preceptos tales como: "no tomes en tus manos, no pruebes, no toques" / Col.2.20-21.

¿Qué preceptos están basados en reglas y enseñanzas humanas?
R. No tomes en tus manos, no pruebes, no toques / Col.2.21-22.

¿Qué cosas van a desaparecer con el uso?
R. Las cosas a las que se refieren los preceptos
basados en reglas y enseñanzas humanas / Col.2.22.

Pregunta de dos partes ¿En qué están basados y a qué se refieren los preceptos tales como: "no tomes en tus manos, no pruebes, no toques"?
R. Están basados en reglas y enseñanzas humanas, y se refieren a cosas que van a desaparecer con el uso / Col.2.22.

¿Qué cosas de nada sirven frente a los apetitos de la naturaleza pecaminosa?
R. Los preceptos basados en reglas y en-

señanzas humanas, que tienen sin duda apariencia
de sabiduría, con su afectada piedad, falsa humildad y severo trato del cuerpo / Col.2.23.

Pregunta de tres partes ¿Cómo es la piedad, cómo es la humildad y cómo es el trato del cuerpo de los preceptos basados en reglas y enseñanzas humanas?
R. Afectada la piedad, falsa la humildad y severo el trato del cuerpo / Col.2.23.

COLOSENSES 3

Según Col.3.1 ¿Qué hay que buscar ya que hemos resucitado con Cristo?
R. Las cosas de arriba.

¿Qué está escondida con Cristo en Dios?
R. La vida de los colosenses. Col.3.3.

¿Qué les sucedería a los colosenses cuando Cristo se manifestara?
R. También ellos serían manifestados con él en gloria / Col.3.4.

¿Por qué cosas viene el castigo de Dios?
R. Por todo lo que es propio de la naturaleza terrenal: inmoralidad sexual, impureza, bajas pasiones, malos deseos y avaricia que es idolatría / Col.3.5-6.

Según Col.3.8 ¿Qué debían abandonar también los colosenses?
R. Enojo, ira, malicia, calumnia y lenguaje obsceno.

Pregunta de dos partes ¿Qué ropaje se quitaron los colosenses y con qué?
R. El ropaje de la vieja naturaleza con sus vicios / Col.3.9.

¿A qué imagen se va renovando el ropaje de la nueva naturaleza?
R. A imagen de su Creador / Col.3.10.

¿Qué no hay en la nueva naturaleza?
R. Griego ni judío, circunciso ni incircunciso, culto ni inculto, esclavo ni libre, sino que Cristo es todo y está en todos / Col.3.11.

¿De qué hay que revestirse como escogidos de Dios, santos y amados?
R. De afecto entrañable y de bondad, humildad, amabilidad y paciencia / Col.3.12.

¿Cómo debemos perdonar nosotros?
R. Como el Señor nos perdonó / Col.3.13.

Según Col.3.13 ¿Qué hay que hacer si alguno tiene queja contra otro?
R. Tolerarse unos a otros y perdonarse.

¿Qué es el vínculo perfecto?
R. El amor / Col.3.14.

¿Qué debe gobernar en nuestros corazones?
R. La paz de Cristo, a la cual fuimos llamados en un solo cuerpo / Col.3.15.

Pregunta de dos partes ¿Qué hay que cantar a Dios y con qué?
R. Salmos, himnos y canciones espirituales a Dios con gratitud de corazón / Col.3.16.

¿Qué debe habitar en nosotros con toda su riqueza?
R. La palabra de Cristo / Col.3.16.

¿Cómo hay que hacer todo lo que se haga, de palabra o de obra?
R. En el nombre del Señor Jesús, dando gracias a Dios el Padre por medio de él / Col.3.17.

¿Cómo deben someterse las esposas a sus esposos?

R. Como conviene en el Señor / Col.3.18.

¿Cómo no deben ser los esposos con las esposas?

R. Duros / Col.3.19.

¿Por qué no deben los padres exasperar a sus hijos?

R. No sea que se desanimen / Col.3.20.

¿Cómo deben los esclavos obedecer en todo a sus amos terrenales?

R. No solo cuando los estén mirando, como si quisieran ganarse el favor humano, sino con integridad de corazón y por respeto al Señor / Col.3.21.

Di de memoria Col.3.23

R. Hagan lo que hagan, trabajen de buena gana, como para el Señor y no como para nadie en este mundo.

¿Con qué nos recompensará el Señor?

R. Con la herencia / Col.3.24.

Completa: "El que hace el mal…"

R. Pagará por su propia maldad, y en esto no hay favoritismos / Col.3.25.

COLOSENSES 4

¿Qué tienen los amos en el cielo?

R. Un Amo / Col.4.1.

¿Con qué hay que perseverar en la oración?

R. Con agradecimiento / Col.4.2.

¿Qué hay que aprovechar al máximo?

R. Cada momento oportuno / Col.4.5.

¿Con quiénes debemos comportarnos sabiamente?

R. Con los que no creen en Cristo / Col.4.5

Según Col.4.6 ¿Cómo debe ser nuestra conversaciónsiempre?

R. Amena y de buen gusto.

¿Quién les contaría a los colosenses cómo le iba a Pablo?

R. Nuestro querido hermano Tíquico / Col.4.7.

¿Qué es nuestro querido hermano Tíquico?

R. Fiel servidor y colaborador en el Señor / Col.4.7.

¿Para qué envió Pablo a Tíquico a los colosens es?

R. Para que tuvieran noticias de ellos y así cobraran ánimo / Col.4.8.

¿Con quién iba Tíquico a los colosenses?

R. Con Onésimo / Col.4.9.

¿Quién era primo de Bernabé?

R Marcos / Col.4.10.

Según Col.4 ¿Quién era compañero de cárcel de Pablo?

R. Aristarco / Col.4.10.

FILEMÓN

¿A quién está dirigida la carta a Filemón?

R. Al querido Filemón, compañero de trabajo, a la hermana Apia, a Arquipo compañero de lucha, y a la iglesia que se reunía en su casa / Flm.1.1.

¿De qué tenía noticias Pablo acerca de Filemón?

R. De su amor y su fidelidad hacia el Señor y hacia todos los creyentes / Flm.1.5.

¿Qué brotaba de la fe de Filemón?
R. Compañerismo / Flm.1.6.

¿Por qué había alegrado y animado mucho a
Pablo el amor de Filemón?
R. Porque había reconfortado el corazón de
los santos / Flm.1.7.

¿Para qué tenía franqueza suficiente Pablo?
R. Para ordenarle a Filemón lo que debía
hacer / Flm.1.8.

Pregunta de palabra clave: anciano.
R. Yo Pablo ya anciano / Flm.1.9.

¿Por quién suplicó Pablo a Filemón?
R. Por Onésimo / Flm.1.10.

¿Cuándo llegó Onésimo a ser hijo de Pablo?
R. Mientras estaba preso / Flm.1.10.

¿Quién le era inútil a Filemón en otro tiempo?
R. Onésimo / Flm.1.11.

¿Para qué no había querido Pablo hacer nada
sin el consentimiento de Filemón?
R. Para que su favor no fuera por obligación
sino espontáneo / Flm.1.14.

¿A quién debía Filemón lo que era?
R. A Pablo / Flm.1.19

Lista sugerida de versos para memorizar

Gálatas	Gálatas, cont...	Efesios, cont...	Filipenses, cont...	Colosenses
1:10	5:22-23	3:20-21	1:21	1:13
1:11	5:24	4:2	2:3	1:16
2:16	5:25	4:3	2:4	1:17
2:20	6:1	4:11-13	2:5-7	2:6-7
2:21	6:2	4:26-27	2:8	2:8
3:11	6:7-8	4:29	2:9-11	2:13-14
3:13	6:9	4:32	2:13	3:2
3:14	6:10	5:1-2	2:14	3:3-4
3:23-25	6:14	5:21	3:7	3:12
3:28	*Efesios*	5:24-25	3:8	3:13
3:29	1:3	6:1	3:12	3:14
4:6	1:4-6	6:2-3	3:13-14	3:15
4:7	1:7-8	6:4	4:4	3:17
5:1	1:13-14	6:7	4:6-7	3:23
5:6	2:4-5	6:10	4:8	4:2
5:13	2:8-9	6:13	4:12	4:6
5:14	2:10	*Filipenses*	4:13	*Filemón*
5:16	2:13	1:6	4:19	4-6
5:17-18	2:19-20	1:9-11		

Hoja de Puntación para Esgrima Bíblico Juvenil

Competencia: _____ Fecha: _____ Ganador: _____

Equipo:

No	Nombre del Competidor	1	2	3	4	5	6	7	8	9	10	11	12	13	14	15	16	17	18	19	20	P.A.	P.T.	E.T
Puntos Adicionales y deducciones																								
Totales																								

P.A.: Puntos Adicionales   P.T.: Puntos Totales   E.T.: Errores Totales

Equipo:

No	Nombre del Competidor	1	2	3	4	5	6	7	8	9	10	11	12	13	14	15	16	17	18	19	20	P.A.	P.T.	E.T
Puntos Adicionales y deducciones																								
Totales																								

P.A.: Puntos Adicionales   P.T.: Puntos Totales   E.T.: Errores Totales

Anotaciones:
Respuesta Correcta (20), Respuesta Incorrecta (E), Respuesta de Gracia Correcta (10), Respuesta de Gracia Incorrecta (0), Infracción (I), Objeción Rechazada (OR), Refutación Rechazada (RR).

Puntuaciones:
+20 puntos por cada respuesta correcta
+10 puntos por 3, 4 y 5 concursante con respuesta correcta.
- 10 Puntos por salir por errores (3 errores)
- 10 Puntos en cada error después de la pregunta 15